誰も語らなかった飛ばせるクラブスイングの本音

関 雅史──著

マイナビ

まえがき

私はゴルフスタジオを始め、マンツーマンレッスンを11年、クラブフィッティングを5年やっています。その期間の中、レッスンで延べ1万人以上、クラブフィッティングで延べ3000人以上の方を見させて頂き、色々なご意見を伺いました。そして同時にゴルフ雑誌等、多くのメディアにレッスン解説、クラブ解説で出させていただき、メーカーさんとも直接お話させて頂く機会が多くありました。

今回この本を書くに至ったのは、良いショットを打ちたい、飛ばしたい、上手くなりたいと考えるゴルファーの方々のゴルフクラブに対する〝常識〟が、間違っていると肌で感じたからです。ゴルフは正しい知識と自分に合ったクラブを使用すれば、皆さんが考えているほど難しくありません。間違った知識を正しいと思いこみ、自分に合っていないクラブを「自分が悪いんだ」と無理して使い続けるから上達しないのです。

その勘違いが最も現れるのが〝飛ばし〟です。

アマチュアゴルファーのほとんどは、自分が持っている飛ばしのポテンシャルを生かせていません。これは情報を発信する側にも原因があることだと思います。なぜ自分の力を生かせないのか、どうすれば生かせるようになるのかを知れば、皆さんのゴルフが、そして飛距離が変わることを私は確信しています。私自身、身長167ｃｍと体格に恵まれていると言えませんが、2008年に世界ドラコン選手権日本大会にて382ヤードという記録を持っています。これは自分のパワーをフルに生かせるクラブがあったからこそ実現できた飛距離です。

この本によって少しでも皆さんのゴルフに対する誤解が解ければ幸いです。皆さんが思っているよりクラブはショットに影響を及ぼします。「ミスショットはもっとクラブのせいにして良い」のです。

正しく〝飛ばし〟の知識を付けて頂くために最初に簡単な用語集を作りました。どうしてもご説明するのに必要な専門用語です。ご一読頂き、より理解を深めていただければ嬉しいです。

関　雅史

目次

第2章

スイングとクラブにおける常識の誤解 —— 43

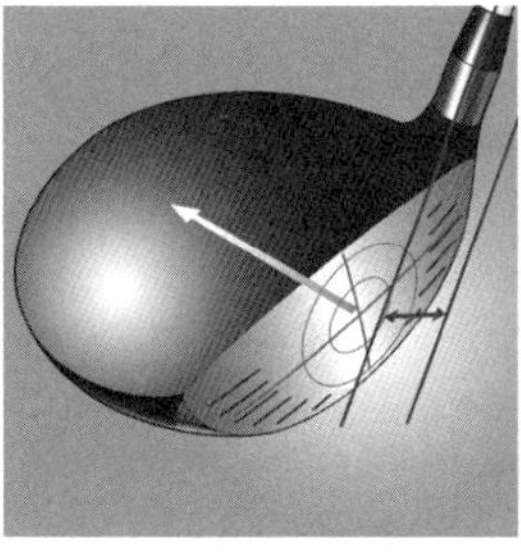

第3章 目指すべき理想の弾道とは？——87

第4章 あなたの理想の飛ばし方は、あなたの中にしかない——125

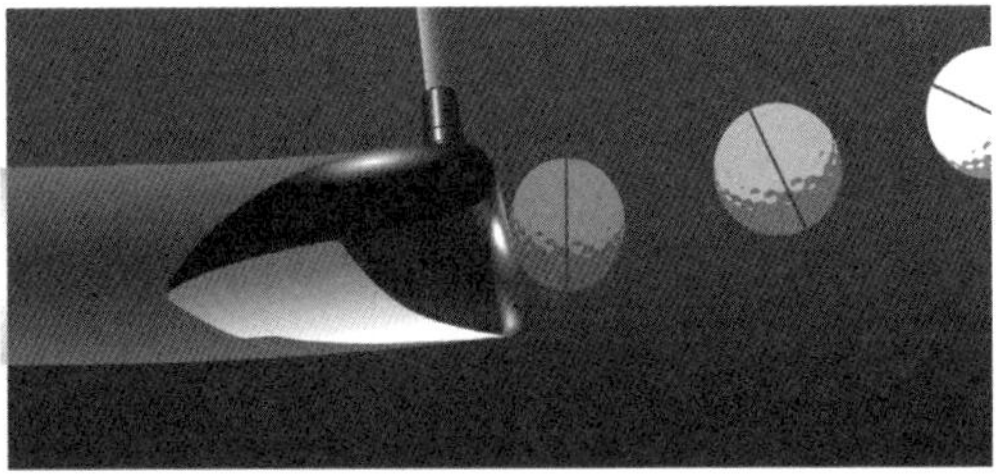

これだけは知っておきたい飛ばしの用語

①重心（じゅうしん）

クラブの特性を決める大事な要素。物理的には物体の重さの中心のこと。クラブのどこに重心があるかによってインパクト時にボールに与える影響が変わる。

②重心深度（じゅうしんしんど）

フェース面から重心までの深さを数値化したもの。この距離が長くなるほど深重心となり、短いほど浅重心となる。

③ロフト角

シャフト軸線とフェース面が作る角度。数値が大きくなるほどボールは上がりやすくなるが、バックスピンが増える。その分サイドスピンはかかりにくくなる。

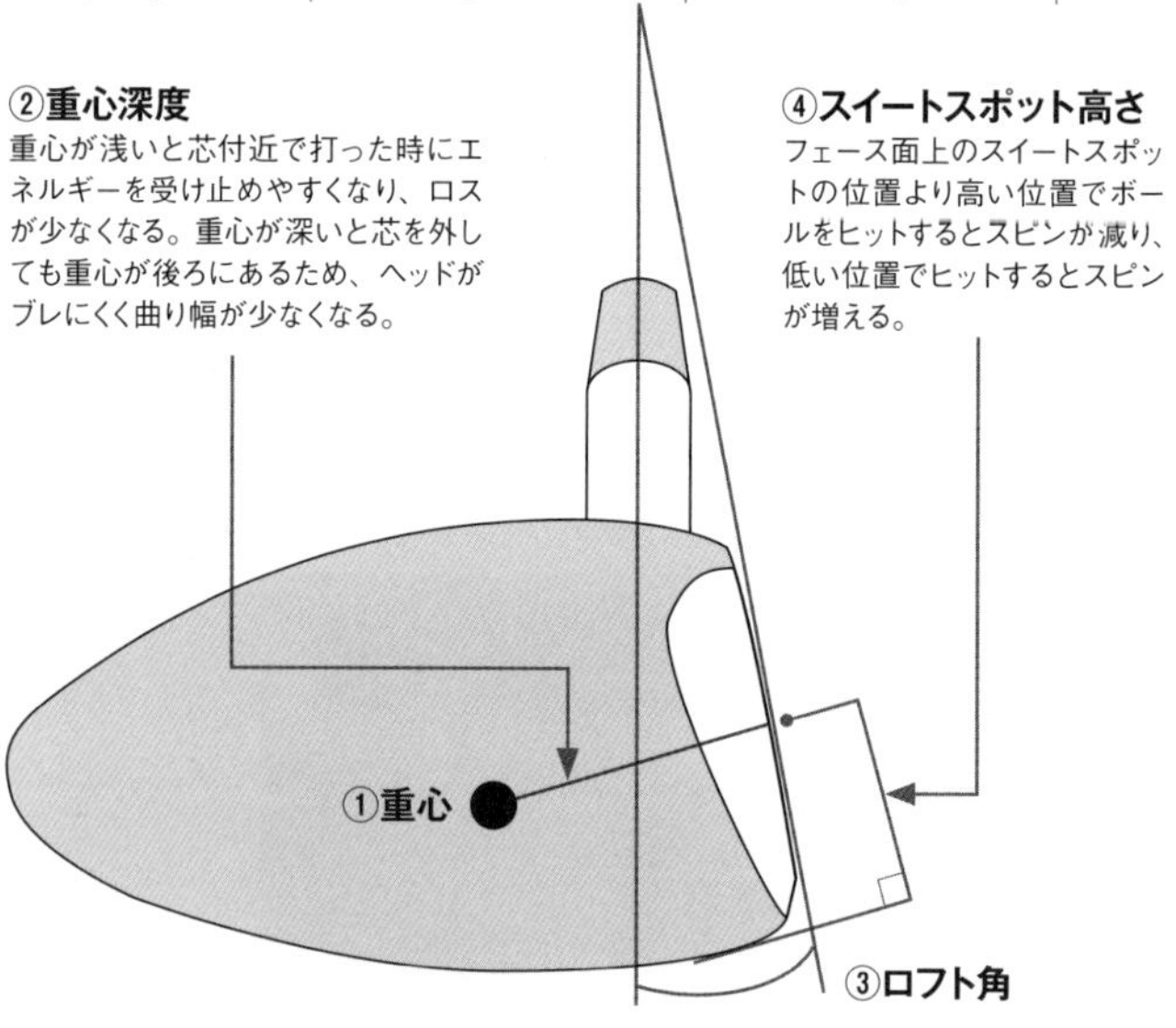
②重心深度
重心が浅いと芯付近で打った時にエネルギーを受け止めやすくなり、ロスが少なくなる。重心が深いと芯を外しても重心が後ろにあるため、ヘッドがブレにくく曲り幅が少なくなる。
④スイートスポット高さ
フェース面上のスイートスポットの位置より高い位置でボールをヒットするとスピンが減り、低い位置でヒットするとスピンが増える。
①重心
③ロフト角

④スイートスポット高さ

フェースの一番下から、ヘッドの中にある重心からフェースに対して垂直に線を引き、フェース面上の重心の位置からの距離を数値化したもの。この数値が低いほど低重心になる。

⑤重心距離（じゅうしんきょり）

シャフトの軸線から直角に重心までの距離を数値化したもの。この距離が長いほどヘッドのターンが穏やかになりやすく、短ければヘッドターンが鋭くなりやすい。

⑥ライ角

シャフトの軸線とクラブのソール面が作る角度。この角度が大きいとアップライトと呼ばれボールがつかまりやすく、角度が小さいとフラットと呼ばれつかまりが穏やかになる。

⑦フェース高さ
フェースの一番下から、一番上での距離を数値化したもの。この数値が大きいものをディープフェースと呼び、小さいものをシャローフェースと呼ぶ。

⑤重心距離
重心距離を長くすると、急激なターンができないので直進性の高いクラブに。逆に短いヘッドは操作性が高いクラブに設計がしやすくなる。

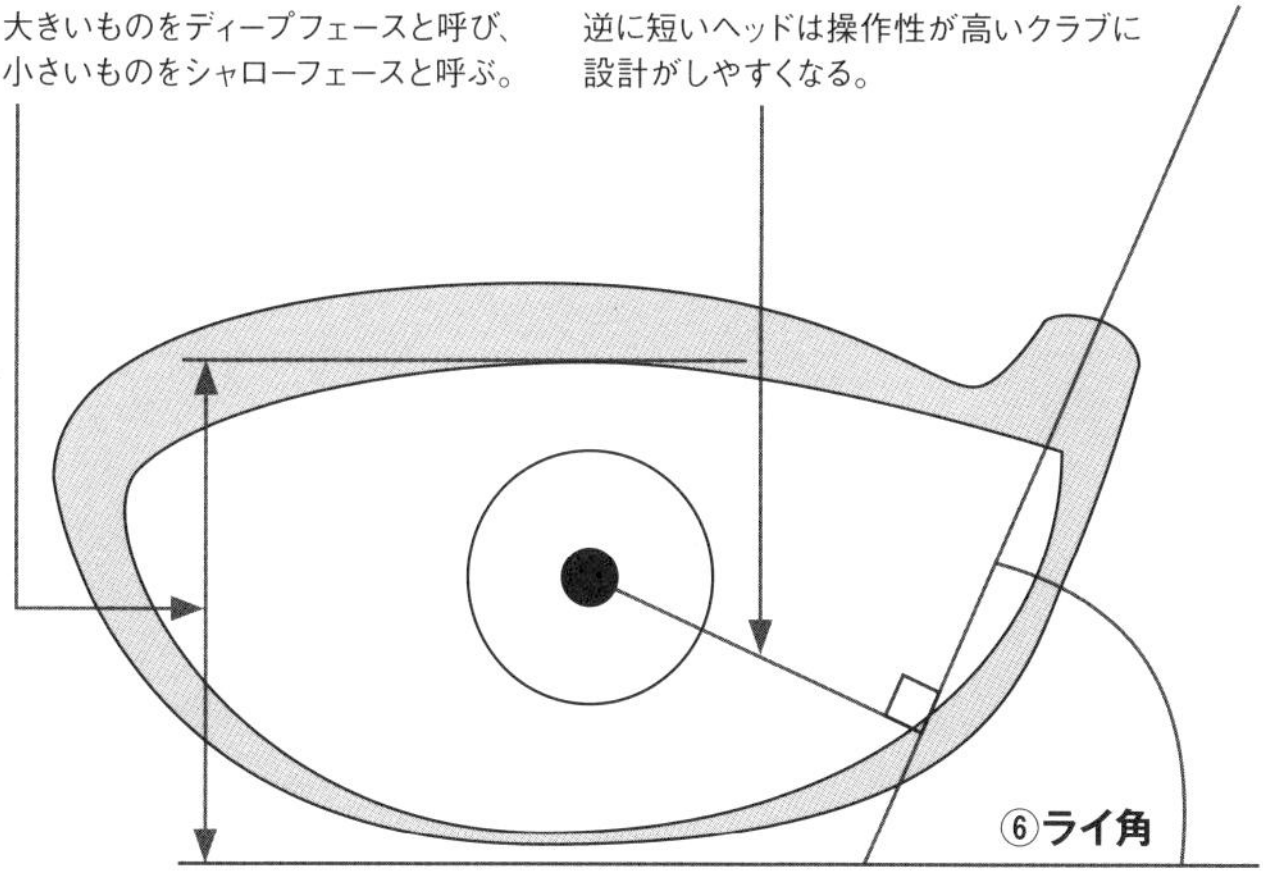

⑦フェース高さ

フェースの一番下から、一番上での距離を数値化したもの。この数値が大きいものをディープフェースと呼び、小さいものをシャローフェースと呼ぶ。

⑧重心角（じゅうしんかく）

ヘッドの中にある重心とシャフト軸線が作る角度。この角度が大きいほどダウンスイングでヘッドがターンしようとする力が大きく、小さいほどターンしようとする力が少ない。

⑨慣性モーメント

物理的には、物体の回転のしやすさを示す数値。一般的にゴルフではヘッドの左右慣性モーメントの事を指す。この数値が高いほど芯を外した時のヘッドのブレが少なくてすむ。

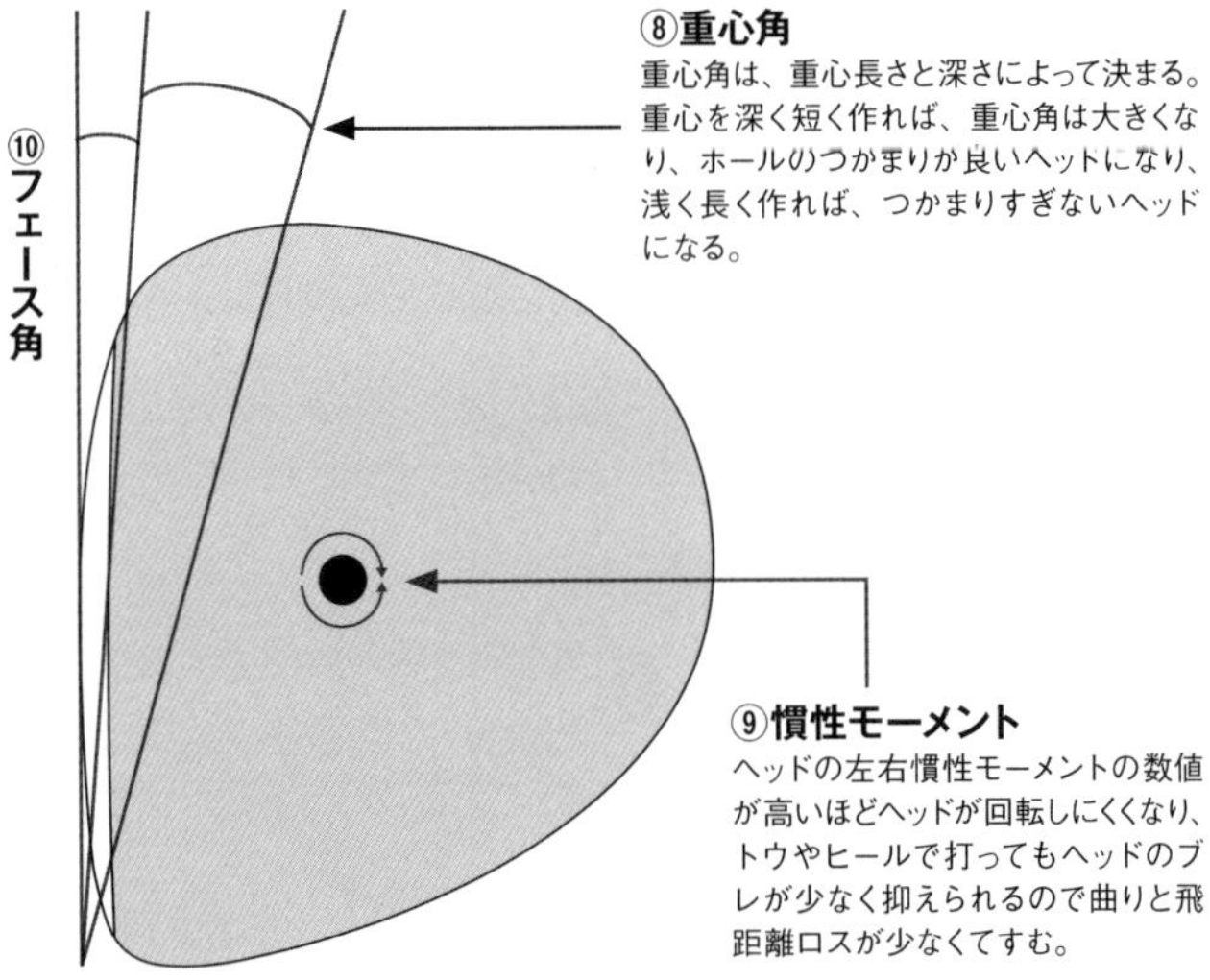

⑩フェース角
⑧重心角
重心角は、重心長さと深さによって決まる。重心を深く短く作れば、重心角は大きくなり、ホールのつかまりが良いヘッドになり、浅く長く作れば、つかまりすぎないヘッドになる。
⑨慣性モーメント
ヘッドの左右慣性モーメントの数値が高いほどヘッドが回転しにくくなり、トウやヒールで打ってもヘッドのブレが少なく抑えられるので曲りと飛距離ロスが少なくてすむ。

⑩フェース角

シャフト軸線が地面と垂直な状態で平らな地面にヘッドを置いた時、フェースがどこを向くかを表した角度。目標に対して左を向けばフックフェース、右を向けばオープンフェースとなる。

⑪ボール初速

インパクト時のボールスピードのこと。これが高いほどボールがエネルギーを蓄えたことになり、遠くへ飛ばせる可能性が高まる。ヘッドスピードとは違うので注意。

⑫打ち出し角

インパクト時、ボールが上空へ向かって飛び出した角度のこと。この数値が高いと高く打ち出され、低いと前に向かってボールが打ち出される。

⑬スピン

インパクト時に摩擦によっておこるボール回転のこと。バックスピンは逆回転のことを指す。ボールの曲がるメカニズムはスピンの横回転によっておこる。

⑭ヘッドスピード

クラブを振った時のヘッドの速さのこと。このヘッドスピードのエネルギーがインパクトでボールに伝わりボール初速、スピン量等に変換される。

カバーイラスト　田村高信
作図　島崎肇則

第1章

飛ばしの一般常識は間違いだらけ

毎年新しいモデルが発売されるドライバー。
そのどれもが「飛び」を一番のウリにしています。
しかし、誰もが飛ばし屋になったという話を聞いたことがありません。
まずはその謎を解明していきましょう。

新製品のキャッチコピーに気をつけろ！
～クラブの謳い文句がゴルファー全員に効果があるわけではない～

みなさんゴルフ楽しんでいますか？　ＱＰこと関雅史です。ゴルフの楽しみ方はたくさんありますが、この本を手に取ってくださったあなたは、飛ばしにご興味があるということですね。私も飛ばすことは大好きです。ドライバーでガツンとボールをブッ飛ばす！　ウッヒョ～気持ち良い～……あ……え～と、あなたにもこうなってもらいたくて今回は、私が今までに培った飛ばしのノウハウをご紹介しようと思います。

当たり前ですがゴルフというスポーツはクラブを使ってボールを打ちます。このクラブがゴルフにはとっても大切です。「上手い人はクラブを選ばない」とか、「どんなクラブで打っても同じ」なんてことを言う人がいますが、これは大きな間違い。本当に飛距離アップを目指したいならまずクラブを見直すことが一番の近道なのです。

みなさんはドライバーを新しく購入しようとする時、何を基準に選びますか？　構えた時の顔や、ネットでの口コミ等色々あると思いますが、少なからず影響を与えているのに、メーカーさんがつけるそのクラブのキャッチコピーがあるのではないでしょうか？　最近では「低スピン」とか「つかまりがいい」なんて言葉を多く見かけます。4〜5年前には「高慣性モーメント」なんて言葉がメーカーさんの中で流行りました。

実は、このキャッチコピーに、大きな落とし穴があります。もちろんこれらはうそをついているわけではありません。ほとんどが自社のクラブと比較した上での表記ですので正しいことです。落とし穴と言っているのは、どんなゴルファーに対して開発したクラブなのかがハッキリしていないこと。そして「飛ぶ」とか「〇〇ヤードアップ」なんて言葉がついていることにあります。

メーカーさんは新製品の良さをアピールしたいわけですから、そのクラブの長所を強調します。いかに良いところを伝えるかという強い思いがあるわけです。しかしその長所が万人に合うわけではありません。ゴルフ仲間が、クラブを替えて急に飛びだしたのでマネして同じのを買ったら自分は全然飛ばなかった、なんてことを見たり聞いたりしたことないですか？　2008年からルールによりフェースの反発が規制された現在では、より効果の出るクラブを作るために、万人向けの設計では大幅な飛距離アップは期待できません。そのためにメーカーは、効果の出る対象ゴルファーを絞り込んだクラブを開発するようになったのです。

スイングはゴルファーそれぞれの指紋のようなもので、十人十色です。ボールを潰すように打つダウンブローの人、すくうように打つアッパーブローの人、スライスが出るアウトサイドイン軌道の人、フックが出るインサイドアウト軌道の人等々、たとえ見た目がそっくりでも、全く同じゴルファーは存在しません。その中でメーカーさんは、独自でゴルファーを調査、分類して対象となるゴルファー層を絞り、その層に対してクラブを開発しています。つまり最新ドライバーであったとしても、メーカーが対象としたゴルファーでなければ狙った効果が発揮されない可能性が高くなる。誤解を恐れずに言ってしまえば、キャッチコピーだけを鵜呑みにして購入すると、今まで使っていたクラブより飛ばなくなったなんてこともおきてしまうのです。

もうひとつの落とし穴としては、キャッチコピーの〝刷り込み〟があります。メーカーさんは新製品を認知してもらうために、雑誌やテレビＣＭ等で繰り返し宣伝します。何度も目や耳から情報を得ると潜在的に頭に残り、やがて記憶されていくわけです。しかしこの時にキャッチコピーに「低スピンで飛ぶ」等の具体的な文言が入っていると、勘違いをしてしまう可能性があります。どういうことかというと、メーカーさんは、クラブの特徴ある性能を訴求するためにこういった言葉で表現するのですが、自社のクラブや、独自で取ったデータを元に、効果的な技術や性能を表現しているわけです。ところがあまり意識せずにこの文字だけ見たり、聞いたりしていると「低スピンで飛ぶ」だけが頭に残り、低スピンになれば誰でも飛ぶようになると思いこんでしまうのです。

ゴルフクラブを選ぶ上で一番大切なのは、自分のスイングが一番生きるクラブを選ぶことです。「弘法筆を選ばず」ではゴルフは絶対に上手くなりませんし、飛びません。まずはこれを頭に入れてください。ゴルフは上手い人、飛ぶ人ほど自分のスイングを知り、そのスイングを生かせるクラブを知っているのです。

他のゴルファーが飛んだクラブでも、あなたが飛ぶとは限らない
～スイングは人それぞれ。飛ばせるクラブも人それぞれ～

少し具体的なお話をしましょう。少し前に飛距離の出る3番ウッドが話題になり、ちょっとしたブームになりました。芝から直接打てるクラブで飛距離が伸びるとあって、ゴルファーのレベルに関わらず多くの人が飛びつきました。しかし実際に飛距離が伸びたゴルファーはどれくらいいたでしょうか？　おそらくですが購入した方の半分もいなかったでしょう。これこそキャッチコピーやCMを上辺だけで判断し失敗してしまう良い例です。CMはツアープロが3Wでガンガン飛ばし、プロが実際に飛んだ飛距離を数値で出すようなものでした。そしてキャッチコピーが「300ヤード3番ウッド」といったもので〝飛ぶ〟といったキーワードを目で、耳で、強く意識させる仕上がりでした。

3番ウッドは、芝から打つクラブの中で一番長く、そしてロフトが立っています。ボールをミートするのが難しいうえに、上がりづらくスライスしやすいので一般的なアマチュアゴルファーには手強いクラブです。そのため今までの一般的な3番ウッドはボールを

上がりやすくし、スライスしにくいようにある程度バックスピンがかかるように工夫がされています。飛ぶ3番ウッドは、そのバックスピンを減らし、上がりやすさよりも前に飛ぶ弾道にしたクラブです。バックスピンが減っているので、着地してからも良く転がり、上級者が打てば確かに良く飛びます。しかしヘッドスピードがあまりないアマチュアゴルファーが打つとボールが上がりきらず、低いスライスになってしまい、飛ばないクラブになってしまう可能性が高いのです。実際にそういったゴルファーはたくさんいました。

私は、11年マンツーマンでレッスンをやっており、様々な方を指導させて頂きました。その間にひとりひとりのお悩みを聞き、スイングを見てきた中で、自分に合ったクラブを使われているゴルファーはかなり限られていました。自分に合ったクラブを使っているのは大体上級者の方で、なかなか上達できず悩んでいらっしゃる方ほどクラブには無頓着な方が多かったのです。これをどうにかならないものかと考え、独学で勉強し、始めたのがクラブフィッティングです。

ボールが飛ばないのは、もちろんスイングが原因でロスをしている部分は誰しもあります。それを修正し、効率良く自分のパワーをクラブに伝え、ヘッドを正しく加速させられる動きに導くのがレッスンの役目です。クラブフィッティングはそのスイングで生まれたヘッドのパワーを最大限ボールに伝えるために行うもの。

例えるならば、パワーの根源である身体、スイングは車でいうエンジンです。エンジンがスムーズにパワーを発揮できるようにスイングの効率を上げる。これがレッスンの部分ですね。ではクラブはというと、駆動系になります。ヘッドはタイヤ、ドライブシャフト等、エンジンのパワーをタイヤに伝えるのがシャフトです。エンジンに見合ったタイヤや駆動系がないとせっかくのパワーが正しく路面に伝わらず、車は前に進みません。エンジンがしっかりしていれば、ある程度走ることはできても、効率良く走ることはできないのです。言い換えれば、エンジンが小さくても駆動系やタイヤがそのエンジンに適していれば、車はスピードが出せるのです。

おかげ様でクラブフィッティングを受けてくださるお客様も年々多くなってきており、クラブの重要性をご理解頂いているゴルファーも増えてきています。クラブフィッティングを数多くやることで私のレッスンも根本的な考え方を変え、スイングの効率を上げることはもちろん、いかにクラブを使って効率良いボールを打てるかを基本としました。レッスンとクラブフィッティングを並行して行うことで見えてきたものがあるのです。スイングの効率だけを追求するのではなく、クラブの扱い方を覚えることで、結果的にスイングの効率も良くなるのです。

ミスショットや飛距離が出ないのは、スイングだけではなくクラブが原因かもしれませんよ!

クラブにはなぜ取説がないのか?
～性能が違うものがこれだけあるなら取説があってしかるべき?～

私ごとで恐縮ですが、インターネットで「ＱＰゴルフブログ」というのをやっております。完全な主観でゴルフに関することを書きなぐるものなのですが、その中でいつもアクセス数が多いシリーズがあります。それが「クラブの取扱説明書シリーズ」です。これは、私が個人的に気になったクラブを試打し、どのようなクラブでどのような特性を持ち、どのようなゴルファーに合うといった解説をしているようなシリーズなのですが、非常に好評を頂いております。レッスンやフィッティングを受けに来てくれたお客さんに「あれを参考にしてクラブを買いました」なんて言われるとすんごい嬉しくなっちゃいます。私はこのブログをライフワークの一つとしておりまして……えっ？　そんなことはどうでもいい?？　失礼しました。

何が言いたいかと申しますと、なぜこれだけの種類のゴルフクラブが販売されているのに取扱説明書がどのクラブにもついていないのか？　というところです。もしどのメーカーも同じ特性を持ち、ヘッドの素材やシャフト、そして長さや重さなどのスペックが同じなら書くことは同じになるので必要ないかもしれませんが、ヘッドの素材が違う、重心位置が違う、それによって特性も違う、さらには同じ表記のスペックでもロフトやシャフトの硬さ等、それぞれのクラブで同じ部分がほとんどありません。これだけ作られているクラブの中身が違えば、当然同じ人が打っても効果が変わり結果も異なります。これだけ特性が違うのならば、説明すべきだと私は感じるのです。

新しいクラブが発売されて説明されることといえば、新しいテクノロジーの説明とクラブの良い部分の特徴、そしてキャッチコピーだけです。これではメーカーさんにとっての良い部分しか伝わらず、そのクラブの本当の性能は伝わりません。そして一番肝心な部分、どのようなゴルファーが打つと最大限にその搭載されたテクノロジーが発揮されるのかということが説明されていないのです。

先ほども書きましたが、最近のクラブは効果の出やすいゴルファーを絞り込んで作られています。でも、その対象ゴルファーをハッキリと発表しません。対象ゴルファーを発表すれば効果の出るゴルファーが購入するので、飛ぶドライバーとして評価されるはずです。でもメーカーさんはそれをしません。キャッチコピーで良いところだけを伝え、あたかも誰でも飛ばせるような錯覚をさせ、クラブを販売しています。だからゴルファーが、購入してから全然飛ばなかった、なんてことが起きてしまうのです。

なぜメーカーさんは開発時の対象ゴルファーを発表しないのでしょうか？　それは単純です。もっとたくさんのゴルファーに購入してもらいたいからです。

もし、仮にこんなゴルファーに向けたクラブですよ～と公表したとします。するとそこに当てはまるゴルファーには良い結果が生まれるクラブとして人気になるでしょう。しかしそれ以上の販売はほとんど見込めなくなります。それではメーカーさんは困るのです。自分たちで限定してしまうと、販売できるゾーンを自ら狭めてしまうことになるからです。もちろんゴルファー全員にテストしたわけではありませんので、開発で対象としたゴルファー以外でも大きく飛距離が伸びるようなゴルファーがたくさんいるはずですし、最初からメーカーさんが「このクラブは私向きではないな」と思わせるようなキャッチコピーや情報を流してしまったら手にとってすらもらえません。だからメーカーさんは、はっきりとした対象ゴルファーを発表しないのです。

さらに最近はカチャカチャ、弾道調整機能付きクラブが数多く発売されています。これはロフトやフェース角等のインパクト時のフェースの挙動を調整する機能に加え、最新モデルでは、脱着式のウェイトの位置をずらしたり、付け替えたりして、ヘッドの重心をも自分で調整できるクラブが数多く販売されています。このカチャカチャは、あくまでヘッドの基本性能に対して微調整を行うという機能なのですが、今のメーカーさんの説明の仕方だと誰にでも最適な弾道が打てるような錯覚を起こさせるような表現があります。

確かにカチャカチャはとても便利です。調整しながら打ち比べてみると確かに弾道の質は変わります。私もカチャカチャ付きのドライバーを買うと最適なポジションを探すため、練習場でカチャカチャしながら打つのですが、これが楽しいんですよ！　同じスイングを心がけてもヘッドの特性が変わるので、今までドローボールだったのがフェードボールになったり、弾道の高さも高弾道から中弾道に変更できたりと「あのコースの時は、スイングを変えずに弾道を低くできるからこのポジションで行こうかな」とか妄想が膨らみます！！

すみません、つい興奮してしまいました。えっとどこまで説明しましたっけ？？　あ、そうだ、カチャカチャはあくまで微調整なので、ヘッドの基本性能が使うゴルファーに合っていなければ、いくらカチャカチャしても効率の良い弾道は打てないということが言いたいんです。でもそういったことはメーカーさんに聞いても教えてくれません。そうなると自分で調べて自分に合ったクラブを探すしかないのです。だから私はゴルファー皆さんの最適なクラブを見つけるお手伝いをしたいと思うのです！

ちなみに私はこのクラブの取扱説明書シリーズをベースにしたＤＶＤ「みんなが知らないクラブの取扱説明書　ブッ飛びＱＰ塾」なるものを発売しております。ご興味のある方は是非よろしくお願い致します……ｾﾝﾃﾞﾝｶﾖ……

取り扱い説明書がない
ゴルフクラブは
自分に合ったものを
探すのが難しい!

ゴルフ雑誌には答えはない
～たくさんの情報をくれるゴルフ雑誌はこう使え！～

私も解説やクラブテスター等で大変お世話になっているゴルフ雑誌。スポーツ業界では異例と言われる数が専門誌として週刊、隔週刊、月刊、各月刊、季刊とたくさん発行されています。最新クラブの情報や、流行りのスイング理論や時事ネタなど、ゴルフ好きがわくわくするようなネタが毎号満載で、私もほとんどのゴルフ雑誌を愛読しています。

その中で気を付けていただきたいのが、クラブの情報ページです。私もテスターとしてよく登場させて頂いているのですが、そのクラブの長所をクローズアップして紹介することがほとんどです。例えば、実際に試打して低スピンが特徴のクラブであった場合、「低スピンなので強い弾道が打ちやすくランも出る」といった内容になります。さらにテスターそれぞれが感じるクラブの良い特徴を紹介するといった感じです。つまり、たとえ短所があったとしてもそこは書きません。こう書くと結局みんな波風立てないようにしているんだ～なんて思われてしまいますが、そうではありません。ゴルフクラブの長所と短所は表裏一体なのです。スイング特性の違うゴルファーによって長所だった部分が短所になってしまう可能性があり、その逆のパターンもあります。先ほどの低スピンだって短所としてとらえると「スピンが少なく球が上がりづらいのでドロップする可能性がある」なんて書き方もできるのです。

これは、評価する人間が変わっても内容は変わってきます。ゴルフ雑誌で「飛ぶ！」と書いてあったクラブを自分で試打したら全然飛ばなかったなんて経験はあるはずです。最近は、どんなゴルファーに向いているなんてことまで解説してくれる雑誌も増えましたが、一人一人スイングが違うのですから、それがそのまま100%当てはまるなんてことはほとんどないのです。つまりゴルフクラブは、どんなに詳細なデータが手に入っても、目から得られる情報だけで自分にピッタリのクラブは見つけることはできないのです。

しかし目から入る情報で、ある程度絞り込むことはできます。気になるクラブをすべて試打するのはかなりの労力と時間が必要になりますし、必ずしも試打クラブが近くに揃っているとは限りません。そんな時にゴルフ雑誌やインターネットなどの情報を使い、自分が求める性能を持つクラブをチェックすれば、あらかじめ試打するクラブを減らすことができ、効率良くクラブ選びをすることができます。自分に合うクラブという答えは、実際に試打して弾道を見てみないことには判断できません。私も「こんな症状に悩んでいるんですが、どんなクラブが合いますか?」なんて質問をよく受けるのですが、こんな傾向のあるクラブというぐらいまでしかお答えできません。その方のスイングを見てみないことには、何とも言えないのです。

ゴルフ雑誌は、たくさんのヒントが詰まっています。あなたに合ったクラブのヒント、レッスンのヒント、お得なラウンド情報のヒント、それらすべてはあなた自身が試して初めて答えが出るのです。その答えが自分に合っているのか、間違っているのかは、あなたのスイングで試してから判断してください。もし間違っていたとしてもそれはあなたのスイングと合わなかっただけで、他のゴルファーには合っている答えかもしれません。

初めから答えは載っていないと考え、自分の上達に合うかもしれないヒントがたくさん集まっている。そういった心構えでゴルフ雑誌を読むと、さらに今まで気付けなかったヒントが見つかるかもしれません。もっと自分の感覚に自信を持ってくださいね。

絶対に裏切らないのは自分のスイングと弾道

～実際に飛んでいくボールは嘘をつかない～

メーカーもゴルフ雑誌もあなたに本当に合うクラブを教えてはくれません。それは当然です。なぜならあなたのスイングを知らないから。あなたに本当に合うクラブはあなたのスイングの傾向を知らなければ導き出すことができません。じゃあ誰なら自分に合ったクラブを教えてくれるのか？　その可能性を持つのは、あなた自身と、クラブとスイング両方の知識を持ち、なおかつあなたのスイングの特徴を知っている方だけです。

近くにフィッティングスタジオがあったり、クラブに詳しいティーチングプロにレッスンを受けている場合であれば、すぐにでもあなたに合うクラブを導き出してくれるかもしれませんが、なかなかそんな環境はないでしょう。それに今後上達をしたいと考えているなら、もう一人の可能性を持つあなた自身に聞いてみるのはいかがでしょうか。

おいっ！　自分で飛ばし方が分からないからこの本を読んでいるのに何言ってんだコイツ……なんて思ったでしょ？　もちろん自分ですべてを勉強しろと言っているわけでは

ありません。あなたに合うクラブを導き出すにはあなたのスイングの傾向とあなたが打ちたいと思う理想の弾道、そしてクラブの知識が必要です。この3つの項目のうち、あなたのスイングの傾向とあなたの理想の弾道を一番詳しく知ることができるのは誰でしょう？　そう、それは「あなた」なのです。

しかし、もっと飛ばしたいと考えている方のほとんどは、自分のスイングの傾向や、弾道の傾向を把握していません。あなたのスイングと弾道は、あなたが作りだしている物なのですから、あなたが一番把握しやすい位置にいます。その二つを把握しておけば、あとは、自分が気になるクラブの情報を店の店員さんやゴルフ雑誌から収集し、照らし合わせれば、かなり絞り込むことができます。

勘違いしないで頂きたいのは、スイング理論を詳しく勉強しろと言っているわけではありません。自分のスイングの傾向と自分の弾道の傾向を知っておくべきだと言っているのです。詳しく知るに越したことはないのですが、まずはスイング軌道がアウトサイドイン軌道で、インパクト付近のヘッド軌道はダウンブロー気味、弾道はスピン多めのスライスとか、そんな感じで良いのです。

あなたがクラブを振るスイングとあなたが打つボールが描く弾道は、あなた自身が生み出しているのですから、あなた自身が変わらない限り変化しません。それを把握しておくことが自分に合うクラブに出合える可能性をグッと高めることになります。

もっと飛ばしたいなら
まずは自分のスイングと弾道の
傾向を知ろう!

自分に合ったクラブを探すコツ
～自分の弾道の改善点を明確にする～

製造技術が進化し、様々な分析、研究がおこなわれている最新のクラブは素晴らしく、飛ばないクラブはありません。「飛ぶ！」とか「○○ヤードアップ！」なんて文言もちゃんと根拠のあるキャッチコピーです。大切なのは、それを我々ゴルファーが自分で使ってちゃんと性能を発揮できるかどうかを見極める力です。

では自分に合ったクラブを探すコツについてお話しましょう。クラブを探すうえで重要なのが、今使っているクラブから何を改善させたいかをハッキリさせることです。漠然と飛ぶクラブが欲しいと考えている人は、全部試打して今のクラブと比べるしかありません。それでもその日の身体のコンディションでショットは左右されますから、絞り込むのは難しいでしょう。ですから、今よりボールをつかまえたいのか、スピンを減らしたいのか等、改善させたい部分を明確にすることが重要になります。

そのうえで検討しているクラブの性能をチェックするのですが、見た目やメーカーの情報だけで自分にピッタリのクラブを見つけるのは不可能です。クラブの情報や、自分のスイングの情報をいくら数値化してもそれだけでは答えは出ません。必ず試打をしなければ判断は難しいでしょう。そのうえ今日では、シャフトも進化し、クラブメーカーでもカスタムとしてシャフトメーカーのシャフトを装着したモデルも販売しており、ヘッドとシャフトの組み合わせだけでも相当数あります。これを全部試打することは物理的に難しく、時間がかかりすぎてしまいます。さらにたくさん打てば打つほど、選択肢が増えてしまい判断に困ってしまう。正しい知識を持ってしても、自分にピッタリのクラブを見つけるということはとても大変なのです。

ならばどうすれば良いのか？　ひとつは、クラブフィッターといった専門のプロに相談すること。できれば個々のスイングをきっちり見て、データを取ってくれるようなところでお願いすることがベターです。しかしそんな時間もないし、自分で探したいという人もいるでしょう。そんな方には良い方法があります。それはまず自分に合わないクラブを見つけることです。

自分に合うクラブを探すことはとても大変ですが、自分に合わないクラブを探すのは意外と簡単です。自分の改善したいポイントを明確にしてからクラブの特性を把握し、試打をするのは同じですが、合わなかった場合、そのクラブと同じ特性を持つクラブは候補から外すことができます。合っていた場合は、さらにそこから突き詰める必要がありますが、合わないと判断された場合はそれ以上打つ必要はありません。

例えば、スライスの幅を抑えたいと考えているゴルファーが浅重心のドライバーを試打してスライスが収まらなかった場合は、他の浅重心になっているドライバーで、合うクラブが出てくることは少ないでしょう。こうして合わないクラブを整理していくと自分に合うクラブが見えてくると思います。

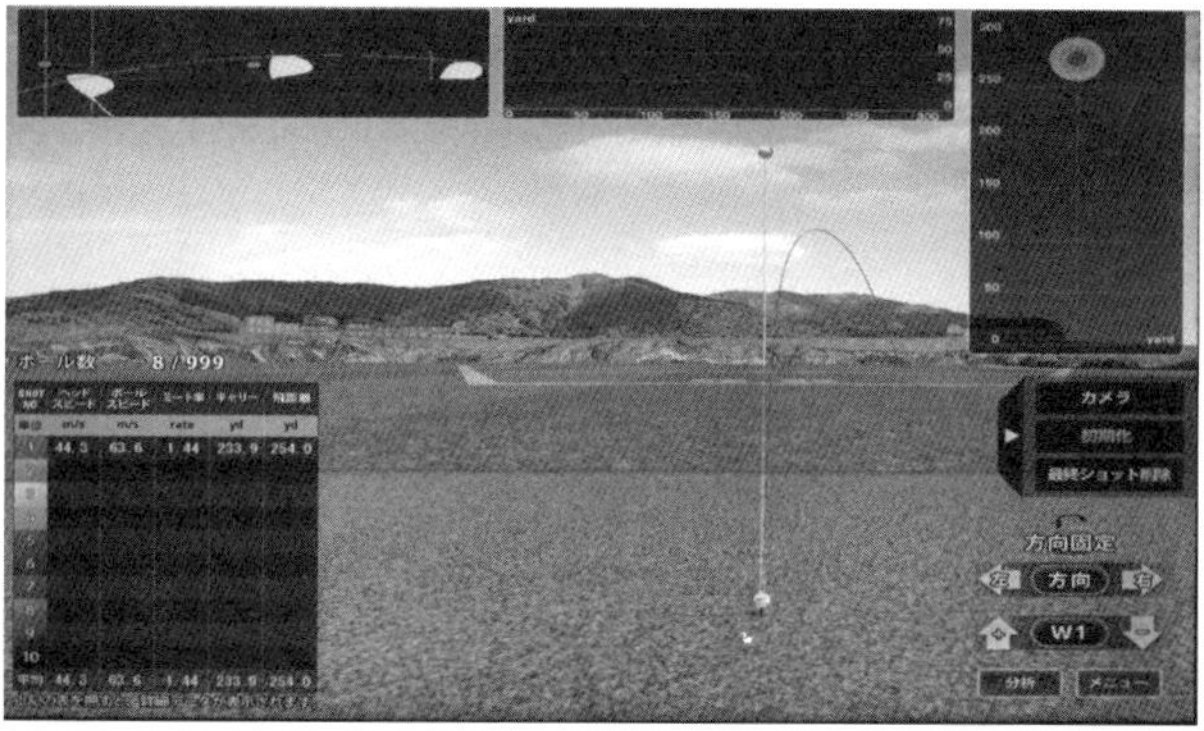

新しいクラブを試打する時に、自分の改善したいポイントを明確にしておけばそのクラブが合っているのかどうか判断しやすい。

飛ばしに必要な三つの数値

～ひとつでも数値が偏るとボールは飛ばない～

繰り返しになりますがクラブを選ぶうえで大切になってくるのが、自分の改善したいポイントを明確にすること。特に飛距離を伸ばしたいのであれば、どこを改善すれば飛距離につながるのかを解明する必要があります。

そもそもゴルフでいう〝飛ぶ〟ということはどういった現象なのかご存じですか？ボールを遠くに飛ばすには、三つの数値を理想に近づける必要があります。それは、

①ボール初速

②バックスピン量

③打ち出し角

です。これらは、ひとつでも偏った数値になると飛距離にはつながらず、飛ばなくなってしまいます。

①ボール初速は飛ばしの基本となる数値で、簡単に言えば、ボール速度の事。これが

高ければ高いほど、ボールの持つエネルギーは大きくなり遠くへ飛ぼうとします。このボール初速を飛距離に生かせるかどうかはもう二つの数値、②バックスピン量と③打ち出し角にかかってきます。

②バックスピン量は、インパクトでボールとフェースの摩擦により、ボールが逆回転する量のことで、ボールに揚力を与える役目を持っており、多すぎるとボールは前にではなく上に飛んでしまい飛距離を大きくロスしてしまいます。逆に少なすぎればボールが上がらず、キャリーが不足して早く地面に落ちてしまい、こちらも飛距離を大きくロスします。適正なバックスピン量は、ボール初速の数値によって変化し、初速が高ければスピン量は少なめ、初速が低ければ、ある程度のスピン量が必要になります。

③打ち出し角はインパクトでボールがどれくらいの角度で飛んでいくかを表した数値で、ボール初速が高ければ打ち出し角は低く、ボール初速が低い場合は、打ち出し角はある程度高さが必要になります。

この三つの数値の関係が、飛距離を左右するのです。例えば、ヘッドスピード42ｍ／ｓのゴルファーの場合、スピン量２４００ｒｐｍ、打ち出し角15度が理想値です。ボール初速が63m／s出れば、女子プロ並みの効率という事になります。そしてこれは、ヘッドスピードが変化することでそれぞれの理想値も変化します。ヘッドスピードによってそれぞれの目指すべき理想値は変わるのです。

一般のアマチュアゴルファーのデータを取ってみると、飛ばしに必要な三項目で理想値に近いデータが取れる人はまずいません。理想の数値が出せる人は、ツアープロでもそうはいないので当然です。ではどんな傾向が多いのかというと、これは使用しているクラブとヘッドスピード、腕前によってかなり左右されます。そしてなぜ自分が飛ばないのかを理解している人はほとんどいません。それは、飛ばしに必要な知識を間違って覚えているか、持っていないから。ほとんどの方は、「自分の打ち方が悪い」で片づけてしまい、本当の飛ばない理由を追求しません。

その状態でいくら練習を積んでも改善はされないのです。先ほど出てきた「低スピンは飛ぶ」というキャッチコピーに当てはまるのは、ある程度打ち出し角を高く打ち出せるゴルファーで、ボール初速があまり高くないゴルファーには逆効果になってしまう可能性があるのです。

練習方法だって間違いがいっぱい

～目標に向かって打つだけでは上手くはならない～

あなたは普段練習場でどんな練習をされていますか？　距離や方向を決めてそこに狙ってボールを打つのが一般的な練習方法になっていますが、正直申し上げてこれではほとんど効果がありません。ほとんどの方がナイスショットだけを打とうと練習していると思いますが、もっと効果的でなおかつ自分のスイングの傾向を知ることができる練習方法があります。それはわざと曲げることです。もしこの曲げる練習をやったことのない方がいましたら是非やってみてください。自分のスイングの新しい発見ができるかもしれませんよ。

簡単にやり方をご説明しましょう。最初はミドルアイアンでスライスとフック両方打ってみてください。おそらくどちらかがやりやすくて、どちらかがやりにくくなると思います。このやりやすい球筋の方があなたのスイング傾向のひとつです。スライスの方が曲げやすい方は、スライス傾向が強いスイングということになり、フックの方が曲げやすい場合はフック傾向が強いスイングです。ミスの傾向もこの結果に沿っているはずです。なぜ曲げる練習が良いのでしょうか？　ゴルフは、目標に向かって打つスポーツです。その目標に良いショットを打つのが正しい練習方法と思われがちですが、それでは応用が利きません。そもそも真っ直ぐ飛ばすことが難しいゴルフではミスがつきものです。そのミスの幅を如何に抑えるかという練習が安定した結果を出すために必要です。それがあえて曲げる練習なのです。

またスライスに悩んでいるのに、スライスボールのメカニズムを知らないゴルファーがたまにいらっしゃいます。これではスライスを矯正できるわけがないですよね。曲げるという練習は、その曲がりのメカニズムを理解しなければできません。スライスに悩んでいるのであれば、スライスの曲がる理由を知ることで、改善点がハッキリします。そしてあえてスライスを打ってみることで自分のスイングのどこがスライスの原因なのかが理解しやすくなります。そして逆のフックボールを打てば、どこを改善すればスライスが収まるのかが身を持って体感できるようになるのです。

この曲げる練習法は、上級者ほど取り入れており、いざという時にボールを操れるように鍛錬しています。言い換えればボールを曲げられる人ほど上達し、上級者になっているのです。さらにこの曲げる練習は飛距離アップ効果も期待できます。曲げようとすることによってヘッドの動きをより意識するようになり、ヘッドを操作する感覚が養われることでミート率が高くなります。ミート率が高くなれば、ミスの幅も小さくなり、平均飛距離が上がります。さらにフックボールのかけ方を練習することで、いわゆる「ボールをつかまえる」動きを覚えることができ、効率の良い弾道を打ちやすくなるのです。

現在発売されているクラブは、ミスしてもできるだけボールが曲がらないように設計されています。しかしそのクラブであえて曲げる練習をすることがミスを軽減するテクニックを身に付ける練習になるのです。

一般のアマチュアゴルファーの方は、練習場で良い球を打とうとし過ぎです。是非曲げる練習をしてみてください。そうすれば、自分のスイングの傾向を知ることができるし、ミスへの対処にも強くなりますよ。

Column

ドライバーのロフトは表示より多めについてるってあなたは知っていましたか?

実はドライバーの多くは、表記されたロフト角と実際のロフト角が合っていないクラブが多いということをご存じでしょうか?

例えば10.5度と表記されたドライバーは大抵の場合、11度以上あります。最近ではロフトを自分で調整できる弾道調整機能、カチャカチャが付いたドライバーが販売されているので、数値通りのロフトが付いたクラブもありますが、接着タイプのドライバーはいまだにこの傾向があります。なぜこのようなことになっているのでしょうか?

そもそもの原因は、見栄っ張りゴルファーの評価です。自分の使いこなせるスペック以上のロフトの少ないクラブを購入し、打ち出し角が作れず飛ばないのは当然なのに、「あのクラブは上がらないから飛ばない」なんて評価が生まれてしまいます。

そうするとそのクラブは売れなくなってしまうので、メーカーはそのゴルファーの見栄を見越してクラブを作るようになり、実際の表示より多くのロフトをクラブに付けるようになったのです。

第2章

スイングとクラブにおける常識の誤解

「飛ばし」という魅力的な言葉に隠された大きな誤解。
その誤解を生んでいるのがあなたの中にあるスイングとクラブの常識なのです。
進化したクラブには進化したスイングがあるはず。
そこから現代における「飛ばしの真実」を探っていきましょう。

スイング理論も間違いだらけ？
～クラブは進化したのにスイング理論は昔のまま～

飛距離アップを始め、ゴルフスキルを向上させるためには、自分の改善したいポイントを補ってくれるクラブが重要だということは1章でお話しましたが、これから皆さんの飛距離アップを実現して頂くために、ひとつお願いしたいことがあります。それは今までのスイングに関する知識を捨てて欲しいのです。

ゴルフを始めるにあたって皆さんは、どのように知識や打ち方を覚えましたか？　中にはまったくの独学で始めた方もいると思いますが、ほとんどの方は、ゴルフをやっている知り合いに教わったり、ゴルフ雑誌を読んだりして覚えたと思います。実はこの最初の頃に聞いたゴルフの知識が、みなさんの飛距離や上達を妨げている可能性が高いのです。

よく使われるレッスン用語に「頭を残せ」「ボールをよく見ろ」「腰を切れ」というものがあります。いまだに練習場等で先輩ゴルファーが後輩を教えるのに使われていたりして、レッスンの常套句になっており、皆さんも誰かの口から聞いたことがあると思います。

これらの言葉は、50年近く前から使われていてゴルフの一般常識として認知されてきました。もともと日本のゴルフスイング論は野球のスイング理論が若干入っており、腰を先行させて棒を振るという考えは野球のバッターの考えと同じです。昔はこのスイングに関する考え方で問題ありませんでした。これは当時使用していたクラブとボールによるものです。しかし今では有効ではありません。昔から言われていたことは悪いはずがないと誰もが疑わず使われ続けているこれらの一般常識は、現代では通用しないのです。

それはなぜか？ここで少しクラブ、特に飛距離の歴史と言ってもよいドライバーの進化についておさらいしておきましょう。多くの方がご存じだと思いますが、今でこそチタン合金が主流になっているドライバーは昔、柿の木、パーシモンでできていました。金属でできているのに〝ウッド〟と呼ばれるのはその頃の名残ですが、パーシモンのドライバーは、金属のメタルドライバーと違い空洞ではなく、非常に重いものでした。シャフトも最初は木でできていましたが、耐久性に優れたスチールシャフトが１９１０年に誕生して以来、30年くらい前までパーシモンヘッドにスチールシャフトという時代が長らく続いたのです。

当時は当然今のような軽量スチールシャフトなんてものはなく、ドライバーの重量は約380gありました。現在のドライバーの主要重量が300g前後ですから比べると80gも差があったのです。さらに今のようにボールが上がりやすいドライバーなどなく、当時のゴルファーは、自分の力でこんなに重いドライバーでボールを上げなければなりませんでした。そんな中で生まれたのが「頭を残せ」等の言葉です。

当時のドライバーは現代の3番ウッドや5番ウッドと同じぐらいの42インチから43・5インチぐらいの長さでしたが、それでも長く重いクラブでボールを上げるにはヘッド軌道を上から下に振りおろすダウンブローにし、ヘッドを加速させてボールとの衝突力を高め、バックスピンを増やす必要がありました。これらのレッスン用語は、それを実現するために行う動きを表すために生まれたのです。

しかし、これらの動きを今のクラブに当てはめるとどうなるでしょうか？　最新のドライバーは素材も形状も変わり、当時の飛ばしに不可欠であったボールの上がりにくさも過度な重量もありません。これだけ使用するクラブが変わったのに、半世紀も前の理論を当てはめても良い結果が得られるわけはありません。

スイング理論は年々進化し続けており、徐々に変化しています。最新のスイング理論は、できるだけ無駄を省いた効率的の良いスイングが良しとされており、昔の身体を使ったダイナミックなスイング論ではなくなりました。ではなぜスイング理論は変化していくのでしょうか？

理論の変化は、クラブの進化と密接な関係にあります。ゴルフクラブは、ここ20年で急激に進化しました。より遠くに飛ばしたい、より正確なショットを打ちたいといったゴルファーのニーズを満たすために研究が重ねられ、毎年のように新製品が発表されてきました。この流れは今も続いていると言っていいでしょう。

例えばドライバーは以前より総重量が軽く、全長は長くなり、ヘッドが大きくなりました。またヘッドの素材自体も変化し、木製からステンレス合金、アルミ合金、ジュラルミン等、様々な試行錯誤を得て現在のチタン合金になりました。クラブが進化すれば、そのクラブを使ってボールを飛ばすスイングにも当然影響が出ます。クラブが変化したからスイング論が変化したとは言い切れませんが、大きな影響があったことは確かです。重くボールが上がりにくかったクラブで如何に飛ばすかだったのが、楽にボールが上がるようになり、自分の好きな重さを選べるようになったのですから。

今までは飛ばすためにボールにスピンをかけて高さを出すといった動きが必要だったのに、しなくてもよくなった。ならばその動きをやる必要はないわけですから、その分余計な動きをしなくてもよくなり、さらに効率の良いスイングを目指すことができるようになる。こうしてスイングは変化していったのです。

スイング論は、クラブの進化によって変化をしてきました。しかし多くの日本のゴルファーはこの事実を認識していません。道具が進化し、スイング論も進化している中で、日本のゴルファーの思考だけが止まってしまっているのです。過去の道具で生まれた一般常識を今のクラブやスイング論に当てはめても機能しません。それどころかむしろ逆効果になってしまうことすらあるのです。

でもなぜそんなに昔のレッスン用語が残っているのでしょうか？　ひとつは、クラブが重たかった時代にゴルフを覚えたゴルファーさん達が、いまだにその考え方が通用すると思いこんでいることにあります。そのようなゴルファーは、今では立派なベテランゴルファーになり、腕前も中・上級者になっている方が多くいます。そんな方々が練習場等で友達や後輩をレッスンする時に、これらのレッスン用語が出てくるのです。これは自分が最初にそう教わってきたのですから、疑いなく正しいと思っているわけです。当然といえば当然ですよね。でも、格段に進化したクラブに昔のクラブの理論を押し付けても、良い結果が生まれるはずはありません。そのように教わったゴルファーはそれを一生懸命練習するわけですから、上達スピードが落ちてしまい、なかなかうまくならないのです。

クラブが最新でも
スイングが昔のままじゃ
ボールは飛びません！

現代のクラブによるスイング論とは？

～クラブの進化によって理論は大きく変化している～

では現代のスイング理論とは、どのようなものなのでしょうか？　さきほど少し触れましたが、一言でいえばムダを省いたスイングです。過去のスイング論は、重く振りづらいクラブを如何にして振りボールを飛ばすかという、現代から見れば、道具のデメリットをどうスイングで補っていくかといった考え方でした。しかし現代のスイング論は、クラブ自体が進化した結果、クラブをスイングで補うといった考え方は主流ではありません。どちらかといえば、どのように振ればクラブの性能を最大限に生かせるのかという考えになっています。

昔の重いクラブは腕を積極的に振り、ある程度ヘッドを加速させないと、ボールにパワーが伝わりませんでした。しかし今のクラブは性能が良くなって、無理に振らなくてもボールが飛ぶようになりました。そしてゴルフは、ただ飛ばせば良いだけのスポーツではなく、正確性も大切になります。飛距離と正確性を両立するためには、自分ががんばって振るよりも、クラブの性能を引き出すと考えた方が安定するのです。

具体的なお話をしますと、昔のスイング理論はアイアンを上から下にクラブを振りおろすように打つダウンブローが推奨されていました。昔のアイアンはパーシモンヘッドのドライバー同様、ヘッドの重心位置が高く、芝の上からなだらかなレベルブローで打っても芯に届かなかったのです。そのため、芯にボールを届かせるために上から押さえつけるようにインパクトしなければ、クラブの性能を引き出すことはできませんでした。

最近のスイング理論では、ヘッドをなだらかに動かすレベルブローが流行しています。なぜなら、クラブの設計技術が上がり、重心の低いアイアンが製品化されたからです。

重心が低くなったアイアンでダウンブローに打つと、今度は逆に芯で捉えることが難しくなってしまいますし、インパクトのタイミングがなだらかなレベルブローと比べて短くなる分、ミスショットの確率が高くなってしまいます。重心の高いアイアンでは、良いショットをするために確率の低い難しい打ち方をしなければならなかったのですが、重心の低いアイアンでは、わざわざ難しい打ち方をしなくても芯に当たりやすく、良いショットが打ちやすくなっているのです。

ではドライバーではどうでしょう。最近ゴルフを始めた方はご存じないかもしれませんが、昔のスイングでは、「逆Cフィニッシュ」が良いとされてきました。この逆Cとはフィニッシュの形を表したもので、頭をアドレスの位置からできるだけ動かさずフィニッシュまでクラブを振りきるとこの形になります。そうするとインパクト後のフォロー、つまりクラブ軌道がアッパー軌道になりやすくなるのです。パーシモン時代のドライバーはボールが上がりにくかったので、少しでも高く打ち出すために生み出された動きであり、理論でした。

これを最新のクラブでやるとどうなるでしょうか？　ボールが上がりすぎてしまい、飛距離を大きくロスしてしまうでしょう。風にも弱くなってしまいますね。現代ではこの「逆Cフィニッシュ」を言う人はさすがに少ないと思いますが、この章で冒頭に出てきたレッスン用語と同時期にあった言葉です。その頃の理論と今のクラブを結び付けても、飛距離はもちろんのこと、ゴルフ全体の上達にはつながりません。むしろ妨げているという結果になるのです。

現代のスイング論とは、無駄のないスイングとお伝えしました。これは言い換えると最新のクラブの性能を引き出せるスイングです。昔のスイング論は、いかに難しいクラブを自分のテクニックやパワーでねじ伏せるかです。そして今でもその頃の理論が根強く残り、現代に生きるゴルファーの上達を妨げています。

もう一度言います。今までのスイングに関する知識を捨ててください。そして最新のクラブに合った正しい知識を身に付けてください。そうすれば飛距離は伸び、上達するスピードが速まることは間違いありません。

最新のスイング論は
最新のクラブの性能を
引き出すためのもの

クラブの進化がトップの位置とヘッドのターンのさせ方を変えた
～最新の理論はスイングテンポまでも変化しつつある～

クラブが進化してからのスイング論は、非常にシンプルになっています。それは世界のツアーで活躍するプロにも表れており、ローリー・マキロイやリッキー・ファウラーなどのスイングに色濃く見られます。彼らのスイングに限ったことではありませんが、今のスイングは昔に比べてトップが低く、フラットになっています。これはクラブの性能が進化し、クラブを効率良く使うスイングの動きが変化したことに他なりません。

フラットなスイングの選手の共通点は、テークバックでの左手のローテションがかなり大きくなっていること。ゴルフスイングには、シャフト軸線から曲がって伸びているヘッドのフェース面をターンさせ、加速させる必要があります。これを積極的に行わないと飛距離は出せないからです。これは昔から変わっていませんが、ヘッドのターンのさせ方が変わりました。

過去のスイングは、シャフト軸を中心としたヘッドのターンが主流の考え方でした。

クラブの重さを利用し、タメを強くすることでヘッドのパワーを貯めて、手首で一気に解放する。短時間でヘッドをターンできるこの打ち方が、エネルギーを効率良くボールに伝えられたのです。しかし近代のスイングでは、左手を軸としたクラブ全体でヘッドをターンさせる考え方に変化してきています。

クラブの適性重量も自分で選択でき、効率良くボールにエネルギーを伝えられる現在のクラブでは、自分の持っているパワーを再現性高く引き出す必要があり、ヘッドのターンを小手先の動きではなく、左手全体のターンで行うことが、自分の力を存分に使え、なおかつ再現性が高い動きにつながるのです。その動きがフラットなスイングの形となって表れているのです。

近代のスイングは、左肩を中心とした左腕の振り子運動と、左手の中指を中心とした左腕の回転の二つの動きで作られています。クラブをダウンブローで打つ必要が減り、なだらかなレベルブローでボールをとらえるには、ボールに対して身体の中心より左側を起点とした方が、都合が良いのです。左手を軸としたクラブ全体で行うヘッドターンは、シャフト軸を中心としたヘッドターンより緩やかなスピードで動き、ダウンスイングでのいわゆる強いタメの動きも緩やかになったため、ダウンスイングからインパクトにかけての手の位置が、昔と比べ低い位置から下りてくるようになり、インパクトゾーンでフェース面がスクェア、つまり目標を向いている時間が長くなります。その結果曲がりづらく、目標に対して真っ直ぐ狙いやすくなりました。

曲がりにくいクラブの特性と相まって、ボールをあえて曲げてコントロールするより、直線的に目標を狙うツアープロが増えています。これはゴルフを400CC以上の大きなヘッドで始めた若いゴルファーに多く見られます。まだまだボールを曲げてコントロールし、ツアーを戦っているプロもいますが、これはコーチやゴルフを覚えた環境、そして自身の考え方によるもので、ツアーでも確実にシンプルで直線的に攻める考え方に動いているのです。

またクラブの進化は、スイングテンポにも影響を与えました。有名なゴルフ漫画にある「チャーシューメン」というテンポを耳にしたことがあると思いますが、これはインパクトまで3テンポであるということを親しみやすい言葉で表したものです。しかし最近のスイングテンポを同じような言葉に置き換えると「タンメン」でしょうか？　つまり2テンポになっているのです。

昔は、トップまでが1テンポ目、切返しから、腰までタメを作りながら引き下ろすまでが2テンポ目、そしてインパクトが3テンポ目となっていました。これは、ヘッドを加速させるためやダウンブローに打つために、一度タメの動きを作る必要があるからでした。しかし今のスイングはレベルブローに打つため、タメを作る動きは必要なくなり、トップまでが1テンポ、そしてインパクトで2テンポと、リズムまでもシンプルになっているのです。

スイングの進化が一番分かりやすいのがこのトップの位置。クラブの進化がこれだけスイングを変化させている。

自分の持つパワーを伝えるのに大切な役割を持つシャフト
～どんなに良いスイングでもシャフトが合わなきゃミスになる?～

クラブにおいて弾道に影響するパーツとして主に上げられるのはヘッドとシャフトです。グリップも大切ではありますが、これはどちらかというと個人の好みや如何に違和感なくスイングできるかという部分に対して影響するものであり、弾道にはあまり影響しません。ヘッドは、ボールを強く反発させるためにフェース面を硬く、スピン量をコントロールするために重心位置を最適化させるといった研究・進化がなされています。ではシャフトはどのように進化してきたのでしょうか?

ドライバーのシャフトは木製から20世紀初頭にスチールに変わり、そして20世紀の終わりの頃にカーボンへと移り変わります。カーボンシャフトはスチールシャフトに比べて設計自由度が高く、そして軽量にできることが長所です。カーボン繊維をシート状に編み、そのシートを巻くことで強度と軽さを両立しているのですが、この巻き方や編み方に変化を付けることで、スイングした時のしなりと挙動をコントロールしています。

最新の技術では、さらにカーボン以外のＦＲＰ等の強化プラスチック素材や金属、ラバー素材等と組み合わせ、重量や動きを細かく設計できるようになりました。

ゴルフクラブのヘッドは、スイングで生まれたエネルギーをボールへ余すことなく伝えることが役目です。スイングで得たエネルギーをロスさせないように反発係数の高いフェースを開発し、スピン量を最適化するために重心位置の位置を調整します。ではシャフトの役割とは何でしょう。それは三つあります。

一つ目は、エネルギーを生むゴルファーのスイングのタイミングを取りやすくすること。スイングはいきなりエネルギーが生まれるわけではなく、クラブをトップまで持ち上げて、人間の筋力、クラブ自体の重さから生まれる重力、そしてクラブを回転させることで生まれる遠心力の３つでエネルギーを作り出しています。これらのエネルギーの生まれるタイミングをそろえることでより大きな力を生み出し、ヘッドを通じてボールに伝えているのです。そのタイミングを司るのは、クラブを操作するゴルファーなのですが、ゴルファーそれぞれで力の出しやすいリズムやタイミングが違います。このリズムが狂うと筋力、重力、遠心力の発生するタイミングが狂い、力が発揮できません。そのタイミングを合わせやすくするのがシャフトです。シャフトが持つしなりが適度なタメを作ってくれるので、タイミングが揃えやすくなるんですね。そしてミート率の向上効果も期待できます。

二つ目は、スイングのパワーを増幅させること。シャフトのしなりが、ゴムを引っ張るようなエネルギーの蓄積を行ってくれ、インパクト付近でしなり戻り、ヘッドを加速させる。つまりスイングエネルギーの増幅です。

三つ目は、しなりの場所を変えたり、捻じれる量を調節したりしてヘッドのボールに対しての向かって行く角度、いわゆる入射角に変化を持たせ、インパクト時のフェース面の向きや角度に一定の傾向を持たせることです。

この三つの効果は、スイング本来のパワーを生かし、ヘッド性能を生かす重要な役割を持っています。よく「シャフトとヘッドのどちらを先に選んだ方が良いか？」という質問を受けますが、私自身シャフトとお答えしています。これは卵が先か鶏が先かという話で、ヘッドが先と考える方もいると思います。

物理的に考えて、シャフトとヘッドでボールの飛距離や曲り幅に強く影響するのはどちらかと言えば、間違いなくヘッドです。ゴルフクラブの開発時に行われるスイングの動きに近い機械にクラブを固定して、実際にボールを打ってテストするマシンテストでは、同じヘッドでシャフトを替えてもほとんど飛距離、方向に影響がなく、出ても微々たるもの。シャフトが持っている飛距離や曲り幅に対するパワーは、実は非常に小さいものなんです。

しかし市場には、たくさんの種類のシャフトが市販されています。大手のメーカーさんでは、一度に複数のシャフトを市販することもあり、重量帯やフレックスを合わせると膨大な数です。飛距離や曲り幅に影響が少ないのになぜでしょうか？　それは、ゴルフクラブは人間が扱うものだからです。

マシンテストでは、毎回同じスイングを正確に繰り返すことができます。だから毎回芯に当たるのです。毎回芯に当たるのであれば、たくさんのシャフトは要りません。もし世の中のゴルファー全員が毎回芯に当たるスイングができたら、シャフトの種類は1本で十分でしょう。でも現実ではそうではありません。世界のトップレベルで戦うプロゴルファーだって毎回芯で打っているわけではないのです。各ゴルファーが感じるタイミングの取りやすい挙動は違うので、自分のタイミングで振れて、なおかつヘッドの性能と自分のスイングパワーを生かしてくれるシャフトを口々求めているのです。

自分のタイミングで振れなければ、コントロールしながら効率良い弾道を打つなど、到底できません。現にツアープロは、クラブ契約をしている方は大勢いますが、シャフト契約をしている方は少数派です。これは、ヘッドを新しくしても自分のタイミングで振れるシャフトをすぐ探せるように、選択の幅を狭めたくないためなのです。

はい！「それはプロだからそれだけ差が出るんでしょう？」と考えたあなた。間違いですよそれは！！　アマチュアゴルファーこそシャフトにもこだわるべきなんです。スイングが固まっていないから良いクラブを使っても性能を発揮できないなんて言う方がいますが、クラブにこだわっていないからスイングが固まらないのです。

シャフトは、個々が持つスイングのタイミングを取りやすくしてくれるパーツ。自分にあったシャフトの傾向を知っていれば、自分に合ったクラブを作りやすくなり、ミート率も高まるのでヘッドの性能も生かしやすい。つまりクラブへの不安が減るので、安心して振れる。ミスが減る。いいことずくめなんです。

身体にパワーがあってもヘッドの性能が良くても、気持ち良く振れなければどちらも生かすことができない。身体とヘッドをつなぎ、タイミングを取りやすくしてくれるシャフトこそ、こだわるべきパーツなのだ。

現代のドライバーの分類

～二極化する重心位置　浅重心と深重心～

ドライバーの性能を語る上で、最も重要なのが重心の位置です。重心の位置は、スイング中のヘッド挙動や、インパクトでボールに与えるスピン量や打ち出し角、エネルギー効率等に影響します。

昨今のドライバーは、フェースの反発係数をルールで規制されていますので、どのドライバーも機械のように毎回同じスイングができて、毎回芯で打てるなら飛距離は大して変わりません。しかし人間が打つ場合はそうはいきません。「一人一人違うスイングのパワーを如何に効率良くボールに伝えるか？」ということを考える必要があるのです。

ヘッドの素材自体が重いパーシモンやメタルヘッドの時代は、重心の位置を大きく動かすことができませんでした。重心の位置は、フェース面上の芯の位置を決める重要な部分で、設計自由度の低いパーシモン、メタルヘッドでは芯をフェース面のセンター付近に持ってくるのが精いっぱいだったのです。それが、製造技術が進歩し、素材が硬く軽いチタン合金を使用できるようになったことで、芯の位置を打ちやすいところに維持しながら、重心の位置を動かせるようになったのです。そして今日では、重心位置を自分で変えられるような可変ドライバーが主流になりつつあります。

その中で、現在発売されているドライバーは、重心の考え方として2つの大きなグループに分けられます。浅重心と深重心です。これは文字通り重心が浅い位置〜フェース面に近い位置〜に設計されているドライバーと、深い位置〜フェース面から遠い位置〜に設計されているドライバーの事で、特性としてはかなり変わってきます。

まず理解しておいてほしいのは、浅い重心でも深い重心でも芯でボールをとらえられた時は、弾道にほとんど差は生まれないということ。芯で打つということは、重心のヘッドが持つエネルギーがボールに向かって真っ直ぐ伝わるということなので、重心が浅い位置にあっても深い位置に合ってもヘッドに無駄な挙動が起きにくく飛んでいくボールには影響が少ないのです。スイングは円運動ですので、ボールに対する入射角や、インパクト時の反動で少しは影響が出るとは思いますが、ほとんど変わらないと考えてください。ではどんな時に重心の位置が弾道に影響を及ぼすか？　それは芯を外した時です。

インパクトで芯を外した時に、重心の位置がどこにあるのかによってヘッドの挙動が変わるのです。

浅重心のドライバーは、比較的ヘッドスピードの速い方や、アスリートゴルファー向けとされているドライバーに多く見られます。これは、ある程度ヘッドスピードのある方や上級者の方が浅い重心のメリットを体感しやすいからです。芯の付近でボールをヒットした時、フェース面の近くに重心が位置するとボールと衝突したエネルギーを効率良く受け止めるので、ボールへエネルギーを効率良く伝えることができます。つまりボール初速を稼ぎやすいのです。

また重心を浅くすると重心を低くすることが比較的容易にできるので、バックスピンの少ないヘッドを作りやすくなります。この低重心に関しては後ほどご説明しますが、ボール初速を高めやすく低スピンの弾道が打ちやすい。飛ばしに必要な三つの数値のうち、二つを理想に近づける特性を持っているのが浅重心のヘッドなのです。

しかしデメリットもあります。それはミスへの寛容性です。重心が浅いと、芯から離れた場所でインパクトをした場合、重心が短いとヘッドがブレやすく打ち出し方向がズレる割合は、大きくなりやすい。さらにバックスピンは、空中でボールの浮力の役割も持っていますから、ミスをして必要以上にバックスピンが減ってしまうと地面に落下、俗にいうドロップしたボールになってしまうので、芯付近で打った場合と比べ滞空時間が極端に短くなり、飛ばなくなってしまう危険性を持っています。だからこそドライバーでもロフトを寝かしたりして打ち出し角を大きくしないと、せっかくのスピンの少ない強い弾道もすぐに地面に落ちてしまい、生かせなくなってしまいます。だから自分で打ち出し角を稼げたり、パワーでスピン量を生み出せたりするアスリートやヘッドスピードが速いゴルファーの方が、浅い重心のドライバーの良さを生かしやすく、体感しやすいのです。

とはいえ、ヘッドスピードがあまり速くなくてもスピン量が多いゴルファーもたくさんおります。浅い重心のメリットを生かしやすいのは、バックスピンの多いゴルファーであって、ヘッドスピードは関係ないのです。

では深重心のドライバーはどんな特徴があるのでしょうか。一般的に〝やさしい〟と言われるドライバーはみな重心が深い物が多いですね。もちろんこれにも理由があって、重心が深いとミスに強いドライバーが作りやすいからです。

芯で打てた時、衝突時のエネルギーは浅い重心も深い重心も効率良くパワーを伝達することができ、ヘッドもスムーズに動きますが、芯を外した時、ヘッドはエネルギーを逃がしてしまい、動きにもブレが生じます。それが、衝突が起きるフェース面から重心が遠いと、芯で打った時とのエネルギーロスの差が少なく、ヘッドのブレも少なくすることができるのです。スウィートエリアが広いと言われるクラブは、深い重心のドライバーに多いのですが、それは重心を深くすればミスに強いエリアが作りやすいからなのです。

その理由は慣性モーメントを大きくしやすいということにあります。よくゴルフ雑誌などで慣性モーメントという言葉を見かけると思います。ゴルフに関する慣性モーメントはいくつか種類があり、芯を外した時のミスの強さを表すのがヘッド左右慣性モーメントといいます。そもそも慣性モーメントとは、物質の回転運動のエネルギーの変化のしにくさを表すものです。ヘッド左右慣性モーメントを大きくしやすい重心の深いドライバーは、芯を外した時にヘッドのブレ、つまり余計な捻れや回転をしようとする動きを少なくしてくれるので、ミスに強いドライバーになるのです。

深重心はフェースから見て重心が遠い位置にあるので除夜の鐘を打つ撞木のような長い棒で打つイメージ。浅重心は短い棒で打つイメージです。長い棒の方がミスをしてフェースがブレそうになっても、真っ直ぐ突き抜くパワーが大きいので慣性モーメントが上がるということです。

さらに深重心の特性としてバックスピンが比較的かかりやすいという部分があります。みなさんご存じの通り、スピンは増えすぎればエネルギーロスになり飛距離低下につながってしまうのですが、実はミスヒットの時の曲がりを抑えるといった効能もあるのです。曲がりの原因はサイドスピン、横回転が強くかかるとボールは曲がるのですが、深重心のヘッドは芯を外した時にバックスピンがある程度かかりやすくなる分、サイドスピンを抑制してくれるので曲がりが少なくなります。この二つの効果があり、やさしいと言われるドライバーはみな深重心なものが多いのです。

もうひとつやさしいと言われる理由にボールが上がりやすくなるという特性があります。重心は、インパクト時にボールによってヘッドが押し返されるのですが、ロフトがある分、ヘッドは真後ろではなくやや下方向に押されます。ヘッドはシャフトで支えられているので、トゥ側から見た場合、シャフトを中心に反時計回りに回転しようとする力が生まれます。つまりヘッドが上を向くのです。その時に重心が深い、つまり後ろにあるとその回転する力が強くなり、よりヘッドが上を向くので打ち出し角が高くなるわけです。

ミスに強く、ボールが上がりやすい。だから深い重心はやさしいと言われるドライバーに多くみられるのです。

このように浅重心、深重心を比べると飛ばせるクラブが浅重心で、曲がらないクラブが深重心と分けてしまいがちですが、決してそうではありません。スイングの傾向やヘッドスピードにより深重心のドライバーの方が飛ばせる方もおりますし、浅重心のドライバーの方が曲がらない方だっております。どちらのヘッドがより自分のスイングをサポートしてくれるヘッドなのかを見極めることなのです。

低重心は現代のドライバーには欠かせない性能

～強い弾道を打つための心強い味方～

浅い重心、深い重心どちらのドライバーにも共通する部分が低重心です。ここ数年のドライバーで重心の高すぎるドライバーは私の知る限り存在しません。というのも現代のドライバーで重心を高くしてしまうとメリットは何もないからです。

重心の高さは、スピン量と打ち出し角に影響します。簡単に説明すると、重心より高い位置で打てばスピンが減り、打ち出し角が高くなります。逆に低い位置で打つとスピンが増え、打ち出し角が低くなるのです。これは〝縦のギア効果〟という原理が働いていて、ヘッドの重心つまり芯より高い位置でインパクトできれば、スピンが抑えられ強い弾道が生まれるのです。フェース面の芯より上の部分は、〝有効打点距離〟と呼ばれていて、故意にこのエリアで打ち、強い弾道を打っている上級者やプロもいます。

誤解しないで頂きたいのは、エネルギー効率はこのスピン量と打ち出し角とは別の問題で、いくら低スピンで打ち出し角が高くてもエネルギーが効率良くボールに伝わらなくては本当に飛ぶ弾道にはなりません。エネルギーが効率良くボールに伝わるポイントは芯です。いくら有効打点距離でインパクトしても芯から離れすぎてはエネルギーロスが大きく、効率良い弾道にはならないのです。

芯からちょっと上ぐらいが飛ぶなんて言われますが、この効率良いポイントはそれぞれのドライバーによって異なります。この芯のちょっと上で打つというテクニックはパーシモン時代からありました。パーシモンは、重心が高く、打ち出し角が低めになりスピンがかかりやすいクラブでした。そのパーシモンで効率良く飛距離を出すために一部のハードヒッターは、スイング軌道を強いアッパーブローにして打ち出し角を稼ぎ、有効打点距離でインパクトすることでスピンを減らしていました。効率良い弾道をテクニックで生み出していたのです。

現代は、ボールの進化もあるのですが低重心で、強いアッパーブローにしなくても自然と打ち出し角が高くなり、有効打点距離が広くなって、シビアなテクニックがなくても低スピンのボールが打ちやすくなったのです。重心が高いと、浅い重心はスピンが増えても上がりにくくなり、強い弾道が打ちやすいメリットを消してしまいますし、深い重心ではミスに強くても飛ばないクラブになってしまいます。低重心とは、現代のクラブにはなくてはならない基本になる部分なのです。

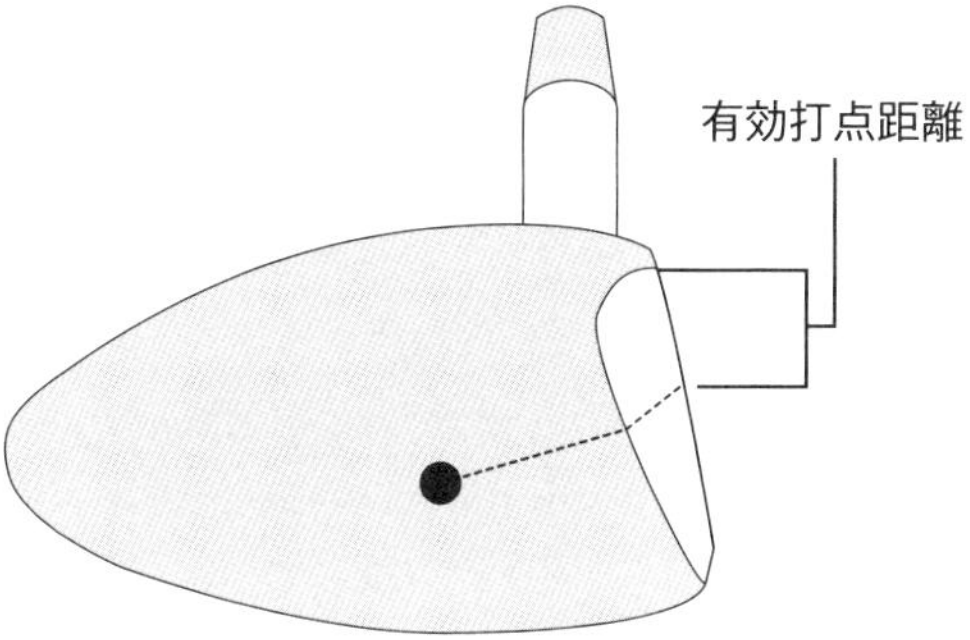
有効打点距離

有効打点距離で打つと、芯で打った時よりスピンは減少し、打ち出し角が高くなる。低重心にするとこのエリアが広くなる。

浅重心も深重心も
低重心だからこそ
それぞれの特徴が
飛距離につながるのです

ボールのつかまりや操作性に影響する重心角
～これを知っておけば大体のクラブ特性を把握できる～

現代のドライバーは、大きく分けて浅重心と深重心があるとご説明しましたが、当然それぞれのグループにも性格の違うクラブがあります。それを測る基準となるのが重心角です。

クラブをヘッドが宙に浮く状態で机などに置き、フェース面がどれだけ上を向くかで重心角が大きいかどうかを見ることができます。この重心角は、大きいほどダウンスイングでフェースが閉じる方向に動こうとするので、ボールがつかまりやすく、小さいほど、自分でフェースを閉じる必要がある分、操作性が良くなるという効果があります。

重心角の大きさは、重心の位置が大きく影響しており、浅い重心のクラブは小さく、深い重心のクラブは大きくなる傾向にあります。その中でもつかまりや操作性に違いがでるのは、重心距離に違いがあるからです。重心距離が長いクラブは、操作性がマイルドになり、直進性が強いクラブに仕上がります。逆に重心距離が短いとヘッドのターンがしやすくなり、操作性が高いクラブになります。

ゴルファーのスイングは一人一人違います。となると飛ばせるクラブも一人一人違うのです。特に飛距離と方向性を両立しないといけないゴルフは、スイングとシャフトとヘッドのマッチングが非常に大切になってきます。だからこそ、自分のスイングを知り、改善すべき点を明確にしたうえで、シャフトとヘッドを選別しなければ効率良い弾道は得られないのです。

重心角の違いは目で確かめられる。スライス傾向が強いゴルファーはフェースが上を向く度合の大きいモデルを選ぶと曲りを抑えやすい。浅重心は重心角が小さいモデル、深重心は大きいモデルが多い傾向がある。

カチャカチャドライバーは基準となるポジションを決めよう
〜いじり過ぎると上達が遅くなる?〜

1章で少し触れましたが、現在発売されているドライバーの半分以上が搭載する〝弾道調整機能〟いわゆるカチャカチャは、とても便利な機能です。今までゴルフ工房やショップで手間をかけないとできなかったロフトやフェースアングル等を自分で簡単に調整できるのは、より自分にあったクラブに仕上げるのにとても役立ちます。

しかし、前提としてそのヘッドが自分に合っているかを見極める必要があります。カチャカチャはあくまで微調整する機能であり、ヘッドの基本性能があって、そこからより個々のスイングにフィットさせるためのものです。ヘッドの基本性能が、あなたの目指している弾道にかけ離れているものであれば、いくらカチャカチャしても効率良い弾道は打てません。

見極め方法としては、基本となるノーマルポジションで試打をします。その際の弾道が極端に上がらなかったり、曲りがひどかったりした時は、もう一度ヘッドの選定を見直しましょう。ノーマルポジションである程度は打てなければ、いくらカチャカチャしてもそんなに結果は変わらないでしょう。

また、その日の調子でカチャカチャのポジションを変える方がいますが、あまりおすすめできません。自分の基準となるポジションを決め、戻る場所を決めたうえで調整する分には構いませんが、毎回フェース向きやロフトを変えてしまうとスイングにも影響を及ぼし、再現性の高いスイングを身に付けるのが難しくなってしまいます。

おすすめの使い方としては、コースで使う自分の基本となるホームポジションを決め、練習場などでは、より良いポジションがないかを模索しながら理想の弾道を目指すといった具合です。自分のテクニックを磨いていくうちに自分に合った調整ポジションとスイングのマッチするポイントが見つかるはずです。是非試してみてください。

まずは自分の基準になるホームポジションを決めましょう

シャフトをしなり方で分類する
～シャフトは棒である以上4種類しかない～

私がフィッティングで一番重要視するのがシャフトです。ボールの球筋に影響を与えるのはヘッドですが、振り心地やタイミングの取りやすさなどを左右するのは、シャフトの方が影響は大きいのです。最初に自分の振りやすいシャフトを見つけてしまえば、あとは打ちたい弾道に合わせてヘッドでアレンジすれば良いのです。ですので、自分の振りやすいシャフトを見つけるのがフィッティングの重要な部分だと私は考えています。

シャフトの進化も日進月歩で、毎年色々なシャフトが発売されていますが、大まかに分けてシャフトは4種類しかないと私は考えています。使っている素材や製造方法等、もっと細かく分けられるのかもしれませんが、使う側としては、細かく分けても選ぶ時に複雑化してしまい、あまりメリットになりません。

その4種とはしなる場所で分けられます。シャフトの先端側がしなる「先しなり」。シャフトの中間がしなる「中しなり」。シャフトの手元側がしなる「元しなり」。そして手元側と先端側2カ所がしなる「両しなり」です。ちなみにメーカーによって異なりますが、しなる部分はキックポイントや○○調子といった形でも表現されています。このシャフトのしなる場所が違うとスイング中のヘッドの動き方に影響が出ますので、そこをまずご説明しましょう。

「先しなり」はヘッドに近いシャフトの先端側が一番しなります。そうすると、重いヘッドの近くがしなるわけですから、しなりでパワーをためたシャフトが勢いよく戻りやすいので、ヘッドを加速させやすい特性を持ちます。これは錘をつけた振り子を想像して頂くと分かりやすいと思います。振り子は錘を支えるヒモを長くするとゆっくり動きますが、ひもを短くすると速く動きますよね。その原理です。しなったシャフトが戻りやすく、しなる場所がヘッドに近いので、インパクト時にヘッドがスクェアに戻りやすく、インパクトでのロフトが上を向きやすくなりボールが上がりやすくなる。つまりボールをつかまえやすい動きをするのがこの「先しなり」というシャフトの特徴です。

「元しなり」は重いヘッドから遠い手元側に一番しなるポイントがあるため、先しなりのように勢いよくしなり戻るといった動きはありません。しなり戻りがヘッドに伝わるまでの距離が長いのでヘッドはゆったりとした動きになります。また先しなりと比べ、同程度シャフトがしなると、しなる場所が重いヘッドから遠い分、ヘッドの動く量が大きくなります。ダウンスイングでヘッドが遅れ気味になるので、いわゆる〝タメ〟が作られやすく、しなり戻りがゆるやかな分、インパクトではロフトが立った状態で当たりやすくなるのです。まとめますとダウンスイングでタメが作りやすく、緩やかにしなり戻るので、ボールをつかまえすぎないというのが、「元しなり」の特徴になります。

「中しなり」は先しなりと元しなりの中間に位置するシャフトです。しなる場所は文字通りシャフトの中間部分。特徴や挙動も中間に位置していて、程よいしなり戻りと、適度な〝タメ〟が作られます。シャフトの中間が動くので、クセのないシャフトが作りやすく、いわゆる〝万人向け〟と言われるシャフトがこの中しなりのシャフトに多く存在します。

「両しなり」は先しなりと元しなりの特性を併せ持つシャフトでダブルキック等と呼称されています。またこの両しなりは手元側と先端がしなるのですが、しなりの特徴が中間に来るため、メーカーではこれを中しなりに分類にしているところが多く、メーカーカタログ等で両しなりやダブルキック等の表記はほとんど見られません。手元側がしなるのでタメが作りやすく、先端側もしなるのでヘッドも加速しやすい、といった特性を持ちます。それぞれの良いところを併せ持つシャフトではありますが、しなる部分が多いだけにクセもあるといったところです。

現在市販されているシャフトはこの4つに分類することができます。もちろんしなる場所が同じだからと言って同じ動きをするわけではありません。各メーカーが独自に研究し、微妙にしなる場所を変えたり、剛性を変えてしなり戻るタイミングをコントロールしたりと、様々な動きのシャフトが開発されています。

実際に各メーカーさんの同じ場所がしなるシャフトを同じヘッドで打ち比べると、それぞれの味付けがあり、弾道も変わります。しかし大きく変わらない部分もあるのです。それを私は、フィッティングをする上でとても重視しています。それは振り心地、タイミングの取りやすさです。

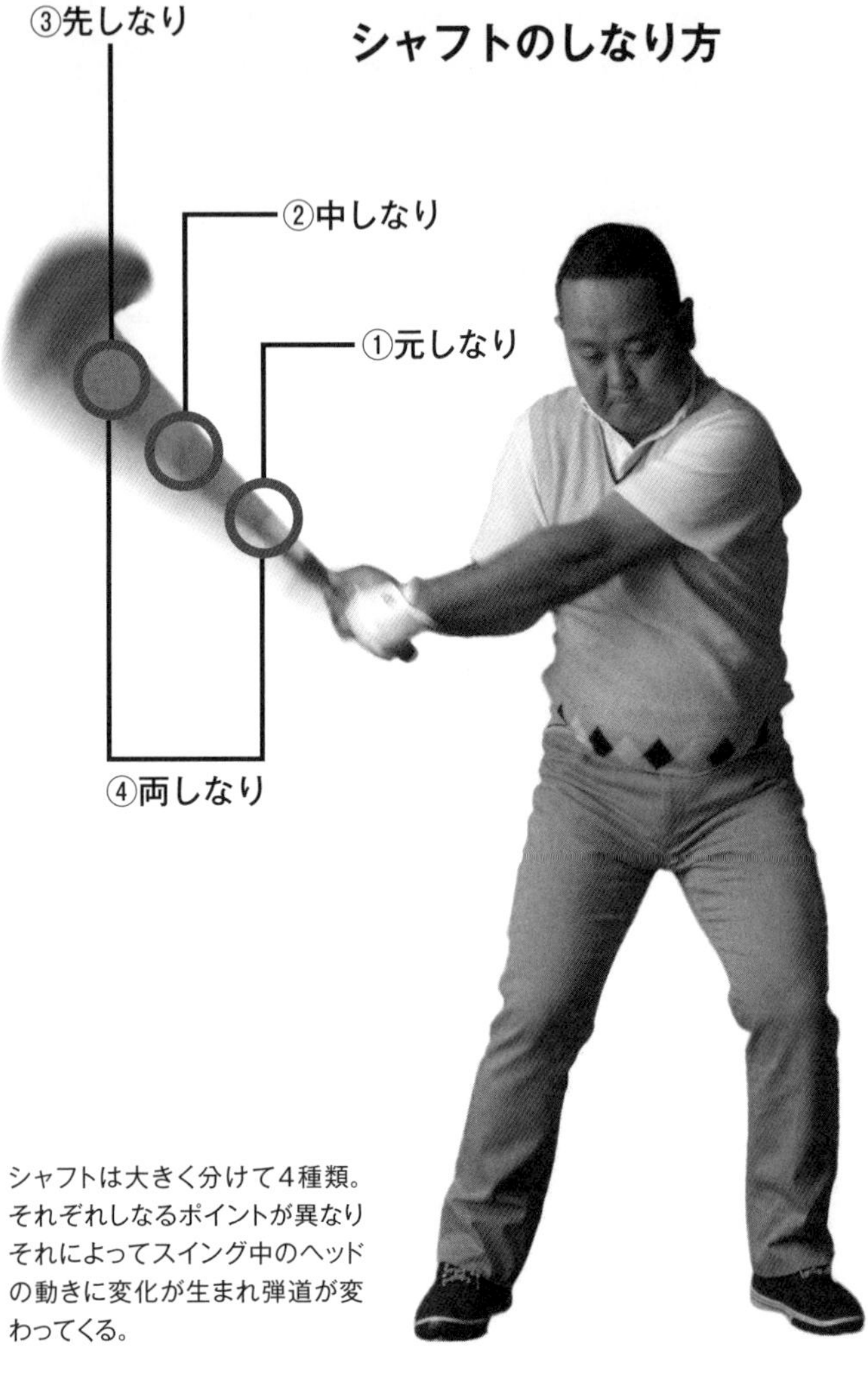

シャフトは大きく分けて4種類。
それぞれしなるポイントが異なり
それによってスイング中のヘッド
の動きに変化が生まれ弾道が変
わってくる。

タイミングの取り方は2つのパターンに分けられる
〜トップからの切り返しでのシャフトの動きがタイミングを司る〜

4種あるシャフトは、2つのグループに分けられます。これは私のフィッティングの入り口でもあるのですが、振り心地に大きく影響する部分ですので、とても重要視しています。それは、タイミングの取りやすさということです。

ゴルファーはシャフトのしなりでタイミングを取っているのですが、人によってしなりを感じるポイントが違います。ある部分がしなるとタイミングが取りやすい方と取りにくい方に分けられます。それは手元側がしなるかどうか？　ということ。これは今まで数多くのフィッティングを経験してきた私が、データを元に導き出した方法なのですが、手元側のしなりによってタイミングを取る方と手元側がしならずに自分のタイミングで引き下ろすほうがタイミングが取りやすい方と、明らかに2パターンに別れるのです。これは、人間の指紋のようなもので、初心者がシングルプレーヤーになったとしても傾向はほとんど変わりません。腕前に関係なく、振りやすいシャフトの好みは変化しないのです。

トップからの切り替えしでタイミングが合わないと自分の持っているパワーも効率良くボールに伝えることはできませんし、何より自分の気持ち良いタイミングで打てないので毎回動きが変わってしまい、再現性が低くなってしまいます。弾道の質はヘッドやスペックで調整することはできますので、まずは自分のタイミングで振れるシャフト、つまり振り心地の良いシャフトを見つけることを私は重視しているのです。

先ほどご説明した4つのシャフトで手元がしならないシャフトは、「中しなり」と「先しなり」。逆に手元がしなるシャフトは「元しなり」と『両しなり』になります。手元がしならない方がタイミングを取りやすい方は「中しなり」と「先しなり」の中から、手元がしなる方が、タイミングを取りやすい方は、「元しなり」と「両しなり」のシャフトの中から探せば、自分に合ったシャフトは見つかりやすいはずです。自分のタイミングの取りやすいシャフトのグループが分かれば、あとは使いたいヘッドのとの性能を踏まえて、自身が求める弾道の打ちやすいシャフトを絞り込んでいけば良いのです。

ここまで読んで、あれ？　シャフトのしなる場所や特性って、つかまりやすさや弾道の違いに影響するんでしょ？　タイミングの取りやすさだけで先に分けちゃって良いの？と思った方もいらっしゃるのではないでしょうか。確かに先にご説明した通り、シャフトのしなる場所は弾道に影響します。しかし自分の理想の弾道が出やすい挙動のシャフトを使っても、自分のタイミングで振れなければ理想の弾道など出るはずはありません。まず自分の振りやすいシャフトのグループを見つけ出し、そのグループの中から、自分の理想に近い弾道が出るシャフトを選ぶべきです。

いくら自分の目指している弾道が打ちやすいシャフトだからといっても、スイングのパワーを効率良く伝えられなければ、飛距離は出ないのです。理想の弾道のために自分のスイングを変更する努力をするより、自分の気持ち良く振れるスイングで理想の弾道を目指していく方が絶対やさしいし、無理がないのです。

自分の振りやすいシャフトを絞り込むには、打ち比べるのが最前の方法です。私がやっているフィッティングでも同じヘッドでシャフトを打ち比べてもらいます。ヘッドが変わってしまうとヘッドの特性が加味されてしまうので、できれば同じヘッドで打ち比べる方がいいですね。その時に注意したいのが、一つのシャフトを何発も打たないこと。人間は優れたアジャスト能力を持っていて打てば打つほど、無意識に調整を行います。ゴルフというスポーツは、同じクラブを連続して打つという場面はほとんどありません。せいぜいきわどいボールを打った時の暫定球でしょうか？　だから、パッと持った時に気持ち良く振れるかどうか？　良い球が出るかどうか？　が重要なのです。私のフィッティングでも3球まででですね。

今は、シャフトが脱着できるカチャカチャドライバーが広く認知されていますので、同じヘッドで違うシャフトを打ち比べるのはそんなに難しくないと思います。是非機会があれば、やってみてください。シャフトが変わるとタイミングの取りやすさも変わるということを体感できると思います。

シャフトがスイングに及ぼす影響はとても大きいのです！

第3章
目指すべき理想の弾道とは？

第1章と第2章では、
クラブとスイングに関する誤解を解説しました。ここからは、
あなたにとって飛距離を伸ばすために必要な弾道とは何かを考えていきましょう。
それによって選ぶべきクラブは大きく違ってくるのです。

最新クラブに力は不要です
～ヘッドスピードを上げるよりミート率をあげろ～

皆さんの飛距離アップや上達を妨げているのは、間違ったゴルフ知識によるものであるとお話しました。では具体的に飛距離を伸ばすにはどうすれば良いのでしょうか。ゴルフでは「力を抜いたほうが飛ぶ」と言われています。これは正しいのですが、ほとんどの方は力の抜きどころを間違え、力を緩めてしまい逆に飛距離が落ちてしまっています。

この言葉も昔から言われていることではありますが、クラブが重く振りづらい時代の力を抜くと現代ではちょっと意味が違います。昔はヘッド、シャフトともにとても重く、ある程度腕力でクラブを振らないとヘッドスピードは出ませんでした。しかし全身ガチガチに力むと、筋肉が硬直し身体がスムーズに動かなくなってしまい、かえってヘッドスピードが落ちてしまうのです。そのために「力を入れ過ぎて筋肉を硬直させないようにしよう」といった意味で使われていました。この部分は現代でも当てはまります。しかし現代にはもっと「力を抜く」という言葉には意味があります。

昔は今のようなスピン量やボール初速を測るハイテクの計測器などなく、飛ばしにつながる数値を確認できるのはせいぜい自分のヘッドスピードぐらいしかありませんでした。そのためティーチングプロ等の教える人たちやゴルフ雑誌なども、分かりやすさや伝わりやすさで、ヘッドスピードを上げることが飛距離に繋がると重視していました。それだけにヘッドスピードの低下を生み出す「力み」は悪だったわけです。

ところが現代ではヘッドスピードの重要性は昔に比べて下がっています。もちろんあるに越したことはないのですが、より効率よく飛距離アップにつながる方法が発見されたのです。

これにはまずクラブの進化があります。軽量化されたため、昔に比べて力を入れなくてもヘッドスピードを出しやすくなったということもありますが、それ以上にボールが上がりやすく効率の良い弾道が打ちやすくなっていることが大きく影響しています。パーシモンのクラブは、複数のメーカーさんが販売していましたが、最新のクラブと比べてもバリエーションが少なく性能差はほとんどありませんでした。サイズが160CC程度と非常に小さく、重心も高い位置にありました。重心位置が高いと重心より低い位置でボールをとらえやすく、そうなるとスピン量が必要以上に増えてしまい飛距離を大幅にロスしてしまいます。このようなクラブでは、飛距離に関するコントロールは非常に難しい。プロでさえ苦労した部分ですから，一般のアマチュアゴルファーではなおさらです。そんな中で飛距離アップを求めると物理的なパワーを上げる方法がいちばん効果的で、ヘッドスピードがどんどん重要視されて行きました。

対して最新のクラブでは、スピンを軽減しやすく強い球が打ちやすい、重心の低いクラブはもはや当たり前。さらに重心の浅いクラブや深いクラブ等、様々なメーカーさんからバリエーションが多く販売されています。そしてサイズは460CCと3倍近く大きくなり、多少ミスしても飛距離ロスは減りました。

ここまで読んで、「今のクラブの方がミスに強いのだから、ある程度ミスしてもヘッドスピードを上げたほうがもっと飛ぶのではないか?」と思った方もいると思います。実はここがキーポイントなのです。

パーシモンドライバーはクラブ重量が重く380g、シャフトもスチールがほとんどでした。この重さは現代に置き換えるとプロゴルファーでも使えないぐらいの重さです（ユーティリティくらいの適正重量）。つまり今の基準で見ればものすごくハードなクラブを使っていることになるわけです。例えるなら女性が、飛ばし屋の男性のクラブを使用するようなものでしょうか。こうなると頑張って振るしかないですよね。そんな状態では、クラブの性能よりもパワーがとても大切になってきます。

では最新のクラブはどうなっているでしょう？　重心位置を始め、重さ、長さ、シャフトの硬さ等、バリエーションが豊富で自分の力に合わせてスペックを細かく選べるようになっています。皆さんのクラブも、自分なりに振りやすいスペックを選んで購入したはずです。これらの細分化されたスペックは、より良い効果を得るために、性能を発揮するゾーンが絞られており、ヘッドスピードが対象ゾーンより速かったり、遅かったりした場合はクラブの性能を発揮しづらいのです。

これはつまり、最新のクラブは、普段より頑張って力んで振ってもスピン量が増えてしまったり、打点がずれてしまったりと思いのほか飛距離が伸びないということ。まったく効果がないわけではなく、ボール初速は間違いなく上がるのですが、スピン量や打ち出し角が変化することを踏まえたうえで打たないと、効率良く飛距離が伸びません。最新のクラブで飛距離を伸ばすには、頑張ってヘッドスピードを上げるより、第2章で説明した飛ばしに必要な三つの数字〝ボール初速〟〝打ち出し角〟〝スピン量〟を効率良くした方が良い結果につながるのです。

最新のクラブこそを
力抜いてスイングしたほうが
飛距離が出るんです！

力をぬいた方が飛ぶと言われる理由はもうひとつある
～日本人は力を入れると〝引く〟性質がある～

クラブの進化の他に、力まない方が飛ぶと言われる理由が実はもう一つあります。それは日本人を含むアジア系の多くの人間に見られる特性によるものです。皆さんはゴルフ先進国のアメリカでのレッスン方法をご存じでしょうか？　アメリカ等では力いっぱい振れと教えます。日本では力むなと教えます。まったく逆です。どうしてでしょうか？それは根本的な身体の構造に違いがあるからです。欧米の方々は、〝押す〟という動きが最も力を発揮できるようにできています。逆に日本では、〝引く〟という動きの方が力を出しやすくなっているのです。一番象徴的なのがノコギリです。欧米で発売されているノコギリの多くは、押しながら押し付けると斬れる方向に刃が向いており、日本で販売されている多くのノコギリは引いた時に斬れる方向に刃が向いています。これは昔から変わっておらず、西洋の剣は、力で押しながら斬るように作られていましたし、日本刀は引きながら斬ると良く斬れるような構造になっています。昔の人でさえ、その違いを知っていたのです。この力を発揮しやすい方向が違うためにスイング理論にも違いが生まれても何ら不思議ではありません。

スイングは動きとして、右打ち、右利きであれば利き手で押し込むようにクラブを振れればヘッドを走らせやすくなります。なので、力いっぱい振れという理論が正しくなる。これを日本のゴルファーがやってみると、力いっぱい振った時にクラブを体に引きつけてしまい、ヘッドの加速を妨げてしまう動きになってしまうのです。

昔の重いクラブの時代、日本人はある程度力を使わないとクラブを加速させることができなかった分、ヘッドを加速させる動きがスムーズにできなかったので飛距離を出すのが余計に難しかったのだと思います。しかし、今では海外で活躍する日本人プロも飛距離で極端に見劣りすることがなくなってきています。それだけクラブが進化しているということ。この進化した機能を使わない手はありません。だからこそ、その機能を十分に発揮できるよう、自分のスイングとクラブとのマッチングが大切なのです。

私たち日本人は、引いた方が力が発揮されやすく
欧米の方々は、押したほうが力が発揮されやすいのです

自分の三つの数値を知ることから始めよう
～自分の持つ本当の飛距離を手に入れるための第一歩～

では最新のクラブでの理想の弾道はどんなものか？　そして何を目指すべきなのかを一緒に考えていきましょう。

まずはお願いした通り、今までの飛ばしに関する知識は捨ててください。そして、自分の弾道の飛ばしに必要な三つの数値を計測し、自分の球筋の傾向を知ってほしいのです。最近は、大きな練習場やショップでも弾道測定器を置いているところが増えてきていますので、打ち出し角、ボール初速、バックスピン量を知るのはそんなに難しくないと思います。

最初は単純にこの三つの数値とご自分のヘッドスピードを知るだけでＯＫです。この数値がなければ、理想の弾道に自分の球筋を近づけることは非常に難しくなります。この数値はみなさんのスイングにお使いのクラブの性能を足したもの。これは目で見える実際の弾道も同じことが言えます。日本のゴルファーはとても真面目で、クラブを購入する時は、「もっと飛ぶクラブを！　真っ直ぐ飛ぶクラブを！」とクラブに性能を求めて購入するのに、いざ使って飛ばなかったり、曲がってしまったりすると「自分の打ち方が悪いんだ……」と言ってクラブのせいにはあまりしません。

もちろんスイングに原因がないわけではないと思いますが、一人一人のスイングとクラブの性能が合わさってボールが飛んでいくことを頭に入れてください。スイングのクセの修正や再現性を高めることはもちろん大切です。ただどんなスイングもクラブを通してボールにエネルギーを伝えて飛ばしていることを忘れてはダメです。例え完璧なスイングをしても、それをボールに伝えるクラブが合っていなかったら効率良いボールは打てないのですから。

打ち出し角、ボール初速、バックスピン量という三つの数値を分析すれば、何が皆さんの本当の飛距離を妨げているのかが、だいたい分かります。ボール初速に対してスピン量が多いのか少ないのか、打ち出し角が高いのか低いのか、そしてヘッドスピードに対してどれだけボール初速が出ているのか、この三点のバランスが効率の良い弾道を生み出すのです。

この数値のバランスは、ある程度ヘッドスピード別で理想値を出すことはできますが、それがすべてではありません。そこにスイングタイプという個別の要素が絡んできます。インパクトでボールを潰し気味に打つダウンブローのスイング、逆のアッパーブローのスイング、スライスしやすいアウトサイドイン軌道にフックしやすいインサイドアウト軌道など、これらを考慮したうえで初めてそれぞれの理想の弾道が見えてくるのです。

ここで視点を少し変えましょう。スイングのパワーをボールに正しく伝えるには、個々のスイングに合ったクラブを選ぶ必要があるのはご理解頂けたと思います。最新のクラブは、ボールを効率良く飛ばすために色々な「個性」と言ってよい特徴を持っています。それはスイングの欠点を補ってくれる性質だったり、よりスムーズにスイングをさせてくれる性質です。もちろんそれは万人に良いわけではなく、その性質に合ったゴルファーだけに効果がもたらされるものなのです。

クラブの製造技術が上がり、性能が細分化されたことで色々な特徴、得意技を持ったクラブが生まれました。例えば、スライスを抑えることに特化したドライバーや、長く軽くすることで、力のない人でもヘッドスピードを高めることができるドライバー等です。これらのクラブは、スイングを大きく変化させることなく、弾道を最適にするために作られました。スイングの改造は、正しい知識と相当の練習量が必要です。それをクラブだけで補ってしまうという考え方なのです。

例に挙げたクラブはちょっと極端ではありますが、最新のドライバーはこのような考え方を少なからず含んでいます。現在の流行でもある重心位置で例えると、浅い重心のドライバーはスピン量が軽減しやすいので、スピン量の多めの方が使うとボールの効率が上がります。深い重心のドライバーはボールが上がりやすく曲がりを軽減しやすいので、ボールが上がらないような方が使うとこれまた効率が上がるのです。

このクラブの性能で欠点を補うという考え方は、この章の冒頭でお話した自分の球質を知らなければ、補ってくれるクラブを見つけることができません。合わない性質のものを選べば、それだけ飛距離の効率が下がり、飛ばなくなります。だからこそ自分の球質を知らなければならないのです。

いかがでしょうか。そろそろぼんやりだとは思いますが、みなさんがどうすれば飛距離アップできるのかが見えてきたのではないでしょうか？

ここで一度整理してみましょう。まず皆さんが知っている飛ばしのための理論は、過去のクラブで生まれて使い続けられているもので、最新のクラブには当てはまらないということ。飛距離に悩んでいる人ほど自分の弾道の特徴を知っている人が少ないということ。ボールの飛距離や球筋は、自分のスイングだけでなくクラブの性能が深くかかわっているということ。そして最新のクラブは、性能が細分化されていて合う人合わない人がハッキリしているということ。つまり〝自分の弾道の特徴を知り、それに対応したクラブを使用すれば、例え自分のスイングを修正せずとも、飛距離は伸ばせる〟ということなのです。

まずは、飛ばしに必要な三つの自分の数値を知ってください。そしてその数値の何が理想の弾道を邪魔しているのかを見つける必要があります。その原因は実は今使っているクラブなのかもしれないのです。計測したみなさんの三つの数値は、今使っているクラブで悪化した数値かもしれない。あるいは、クラブの性能で補正が掛かり、軽減された数値かもしれない。そこを見極めることが、理想の弾道を手に入れるためにはとっても大切なのです。

自分の飛距離を上げるには、まず自分の弾道がどんな飛び方をしているかを知ることが第一歩。必要なデータは弾道のボール初速、打ち出し角、そしてバックスピン量だ。

クラブの性能を生かすのはレベルブロー
～13本すべての特性をひとつのスイングで最大限に発揮する～

クラブの性能を生かすというのが、飛距離アップを達成するうえで一番手っ取り早く確実な方法です。しかしスイングを修正することで、さらに自分のポテンシャルを底上げすることができるのも事実。ではどのようにスイングを修正すれば良いのでしょうか。スイングは、それぞれのクセや特徴があるので、細かい部分に関してはスイング自体をこの目で見ないと何とも言えず、ここでお伝えすることは難しいですが、はっきり言える目指すべき点はあります。それは、〝クラブ軌道をレベルブローにする〟です。

最新のクラブは昔のクラブに比べてドライバーもアイアンも重心が下がり、ボールが上がりやすくなっています。ダウンブローが推奨されていた時代は、そう打たなければ芯に当たらなかった、ボールが上がらなかった等の理由がありました。しかし今は、なだらかにボールにコンタクトするレベルブローでもしっかり芯には届きますし、ボールも上がります。逆に言えばダウンブローで打ってしまうと芯の上側でインパクトしてしまい、ボールが飛ばなかったり、上がらなかったりといった症状が出てしまう可能性があるのです。

飛距離アップを目指して、完全にコントロールされたボールを打つためにスイングを修正するわけですが、こうも考えられます。「クラブの性能を最大限に引き出すためのスイングを身に付けるためにスイングを修正する」。もちろんクラブによって個性がありますので、1本のクラブに合わせるのではなく、どんなクラブでもそのクラブの個性が出るスイングを目指すわけです。それがレベルブローのスイングなのです。

レベルブローのスイングを身に付ければ、弾道のアレンジはクラブでできます。低く強いボールを打ちたければ、ロフトの少ない浅い重心でスピンの少ないクラブを選べば良い。逆にビッグキャリーの高弾道ボールが打ちたければ、ロフト多めの深い重心のクラブを使えば良いのです。同じスイングでボールを打ち分けられるようになれば、余計な身体の調整をしなくてよくなり、再現性は非常に高まります。逆に同じレベルブローの打ち方が再現性高くできるようになったら、毎スイングの微調整等はできるようになっているでしょう。

もう一つレベルブローを目指す理由があります。それは13本同じスイングで打ちやすくなるからです。ゴルフというスポーツはパターを含む14本のクラブを駆使してプレーします。ティグラウンド、フェアウェイ、ラフ、バンカー、グリーン等、同じ環境は二度とないと言われるフィールドの中で、やり直しのきかないたった一回のショットを自分でクラブを選択し行います。そんな厳しい環境の中でミスをできるだけ減らすには、毎回スイングや打ち方を変えるようなことはできるだけ避ける必要があります。

厳しい状況から一発逆転を狙うようなショットを打つためにはテクニックを必要としますが、大きなミスを減らすには、クラブの性能を生かし、確実にボールをミートすることが大切です。それにはレベルブローのスイングが一番適しているのです。

クラブは本来、パターを除き、振りづらい長いクラブが軽く、短くなるにつれ重くして振り心地に差が出ないように設計されています。これを重量管理というのですが、この重量管理がとても重要で、ドライバーやフェアウェイウッド、アイアンなどの重量が管理されていないと同じタイミングで振りにくくなり、再現性の高いスイングは難しくなってしまうのです。正しい再現性の高い良いスイングは、自分に合った正しいスペックのクラブを使用しなければ身に付きません。つまりクラブの知識を身につけ、自分に合ったクラブを使用することが正しいスイングを身に付ける最短ルートなのです。私がスイング論よりもクラブを第一に考えるのはそういった事実に基づいての事なのです。

①

②

③

現代のクラブの性能を引き出すにはレベルブローのスイングが適している。さらにウッドやアイアン等、クラブ関係なくミートしやすくなるのも美点のひとつだ。

レベルブローを得るための効果的な練習
～これができればクラブの性能を生かせるようになる～

では具体的にレベルブローが身に付く練習法をお教えしましょう。まずは適度なロフトのあるアイアン、7番アイアンか8番アイアンを使います。そしてボールをティアップした状態で打ちます。ポイントは、アドレスした時にヘッドを地面に付けず、ボールの高さに浮かした状態で構え、そのまま始動することです。そして芯でボールをとらえることを心がけてください。

最初はフルショットせず、自分が気持ちよく振れる範囲のスイングで振ります。この練習を確実に芯でとらえられるようになるまで続けましょう。芯でとらえられるようになったら少しずつスイングを大きくして、フルショットまで行きます。この時、スイングを大きくして芯に当たる確率が下がるようでしたら、振りを小さくし、しっかりと芯でとらえるところまで戻ります。まずは芯でとらえるという事をしっかりと身に付けてください。

確実にティアップしたボールをフルショットでとらえられるようになったら、次はボールの打ち出し角に着目します。毎ショット、できるだけ同じ高さでボールが飛んでいくように意識しながらボールを打っていきます。

毎回芯でとらえられて、同じ高さでボールを打ち出せるようになったら、少しずつ長いクラブでもティアップして練習をしてみてください。そして最終的にはドライバーでも同じことができるようになれば完璧です。これでレベルブローを習得できると思います。

ダウンブローやアッパーブローは、ボールをコントロールするうえで、テクニックとして必要になるときもありますが、そんなにシビアな状況になることは、プロの試合でもめったにありません。クラブが進化し、それに引っ張られるようにスイング論も進化した現在では、レベルブローさえ習得すれば、クラブが助けてくれます。

とはいえ、自分に合ったクラブを使っていなければ、クラブは助けてくれません。レベルブローは現代のクラブの性能を引き出すために必要な技術ですが、習得したからといって万能のスイングになるわけではありません。レベルブローで打てるプロだって使っているクラブは様々ですし、シャフトの重さや硬さも異なります。個々のスイングの特性や昔ながらのクセ、振りやすいタイミング等はそのままです。だからこそクラブを吟味し、選ぶ必要があるのです。

この練習のキモはティアップすること。そうすることで上からではなく横から打つ意識が身に付く。

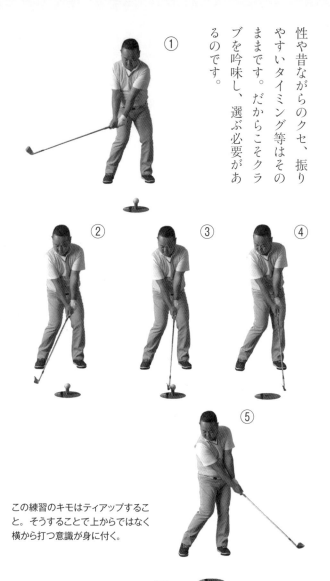

ボールをつかまえるスイングをマスターする
～ゴルフスイングの物理を理解すれば飛ばしのコツが見えてくる～

ここでゴルフの飛距離アップに欠かせない「ボールをつかまえる」という動きを説明したいと思います。ひとことで言ってしまえば、ボールを包み込むように打つと表現すればわかりやすいでしょうか。

ゴルフスイングは、ボールから見て目標に対し、後方からではなく、横からボールに力を加えます。前傾したままのスイングプレーンでボールを打つのですから、斜めの円運動でエネルギーを作り、パワーを伝えるのです。さらにゴルフスイングはヘッドスピードを出すためにやや振り遅れ気味にインパクトをするので、形としては、ボールには右回転がかかるような動きになっています。それを真っ直ぐ飛ばすためにヘッドのネックを曲げライ角を付け、ボールに右回転をさせないようにしているのです。

しかしゴルフというスポーツは、地面にあるボールを打つのに上から見下ろすようにアドレスするのですから、心理的に直接ボールにヘッドを当てたいと思うあまり、どうしても上から打ちこむように打ちたくなります。そうなるとどうしてもクラブ軌道がアウトサイドインになってしまい、ボールを擦るような動きになるので右回転、スライスになりやすいのです。さらにゴルフクラブは、野球のバットやテニスラケットのように持つグリップの軸線上にボールを打つ芯、フェース面がありません。このずれがヘッドの振り遅れを助長させ、インパクトでフェースが開いた状態になりやすいので、よりスライスが出やすいのです。

「ボールがつかまらない」という状態は、インパクトでクラブフェースがアドレスした向きより開いた状態のことを指します。この状態ですとボールに右回転が掛かるのでスライスになり、飛距離をロスしてしまうのです。ではなぜ右回転、スライスでは飛距離をロスしてしまうのでしょう。ここでは分かりやすくするためにヘッドの機能は無視して物理の動きだけでご説明します。

ボールに回転が掛かる動きは、インパクトの瞬間に向いているフェース面に対してヘッドの動く軌道がスクェアではなくなり、摩擦が生じておこります。外から内に引くようにして動きながらインパクトを迎えればスライス回転、内から外に動きながらインパクトを迎えればフック回転がボールにかかるのです。

　こうやって書くとどちらもエネルギーの伝達が変わらないような気がしますよね。鏡に映したような線対称な軌道なら変わらないのですが、ゴルフの場合、大きな差が生まれます。それはクラブスイングのパワーの伝え方によるものです。

　前述した通り、ゴルフスイングは目標後方からではなく、横から傾いた円運動でパワーをボールに伝えます。右打ちだった場合は目標後方から見て左側に立ちます。ボールに右回転を与えるアウトサイドイン軌道だと、フェースが上から下に振りおろすようなダウンブローの軌道が多くなります。逆に左回転になるインサイドアウト軌道ですと、ヘッドが水平に動くレベルブローか、もしくは緩やかなアッパーブローになりやすくなります。これが効率を大きく左右するのです。

　左右の回転の掛かるメカニズムと同じで、上から下にヘッドが動きながらインパクトをすれば、ボールに逆回転が掛かります。つまりバックスピンです。スライスは右回転とバックスピンが混ざりやすいのです。さらに上を向いたロフトの付いたフェース面とずれた下方向にヘッドが動いているので、エネルギー伝達の効率が悪くなります。だからスライスは飛距離をロスすると言われるのです。

対してインサイドアウト軌道は、レベルブローもしくは緩やかなアッパーブローになりやすいので、ほぼ水平か、下から上に動きながらインパクトを迎えます。そうなるとダウンブローに比べ、バックスピンがかかりにくくなります。ですから左回転のボールは右回転や真っ直ぐの弾道と比べてスピンが減り、前に飛ぶ弾道になりやすい。結果右回転よりも効率が良い弾道になるのです（もちろんそれを生かすために適切な打ち出し角が必要になります）。インパクトでのエネルギーの伝達効率だけを見れば右回転のスライスより、左回転のフック回転が飛ぶと言われるのはこのためです。

「ボールをつかまえる」という動きは、物理的にエネルギー効率が高いインパクトの事なのです。飛球線に対してヘッドが内から外に動きながらボールをヒット、いわゆるインサイドアウト軌道で、なおかつフェース面が目標方向から左を向いていれば、ボールがつかまる動きになります。球筋でいえば、ドローボールを打つような動きです。

では外から内に振るアウトサイドイン軌道、スライスの軌道はボールをつかまえることはできないのでしょうか？　答えはできます。プロゴルファーもドローボールではなくスライスやフェードボールでボールをつかまえて飛ばしているプロはいます。

スイング中、手を含む身体でクラブを支えながらヘッドは円運動をしているのですが、シャフトからくの字に曲がったヘッドは、同時にシャフトを軸に円運動をしています。これがフェースが開いて閉じるという動きで、テークバックからトップまで、ヘッドは構えた時より開いた状態になり、ダウンスイングからインパクトを通過しフォローにかけて閉じる方向にターンしているのですが、フェードでボールをつかまえるにはできるだけダウンブローの軌道をなくした、なだらかなレベルブローでほとんどスクェアか少しだけアウトサイドインの軌道でインパクトを迎え、ヘッドのターンを緩やかにする必要があります。しかしこれはインサイドアウト軌道のボールをつかまえる動きに比べて難しく、相当の練習量を必要としますので、アマチュアがボールをつかまえるという動きを覚えるには、まずドローボールを打てるようにした方がいいでしょう。

私のレッスンやフィッティング経験で、自分に合ったクラブで効率よいスイングをしている人は、ほんの一握りです。プロでも日々自分のスイングと向き合い、どうすればもっと効率の良い曲がらないボールが打てるのかを研究しながら戦っているのです。

アウトサイドイン軌道は上から下に振りおろされるようなダウンブローの動きになりやすい。

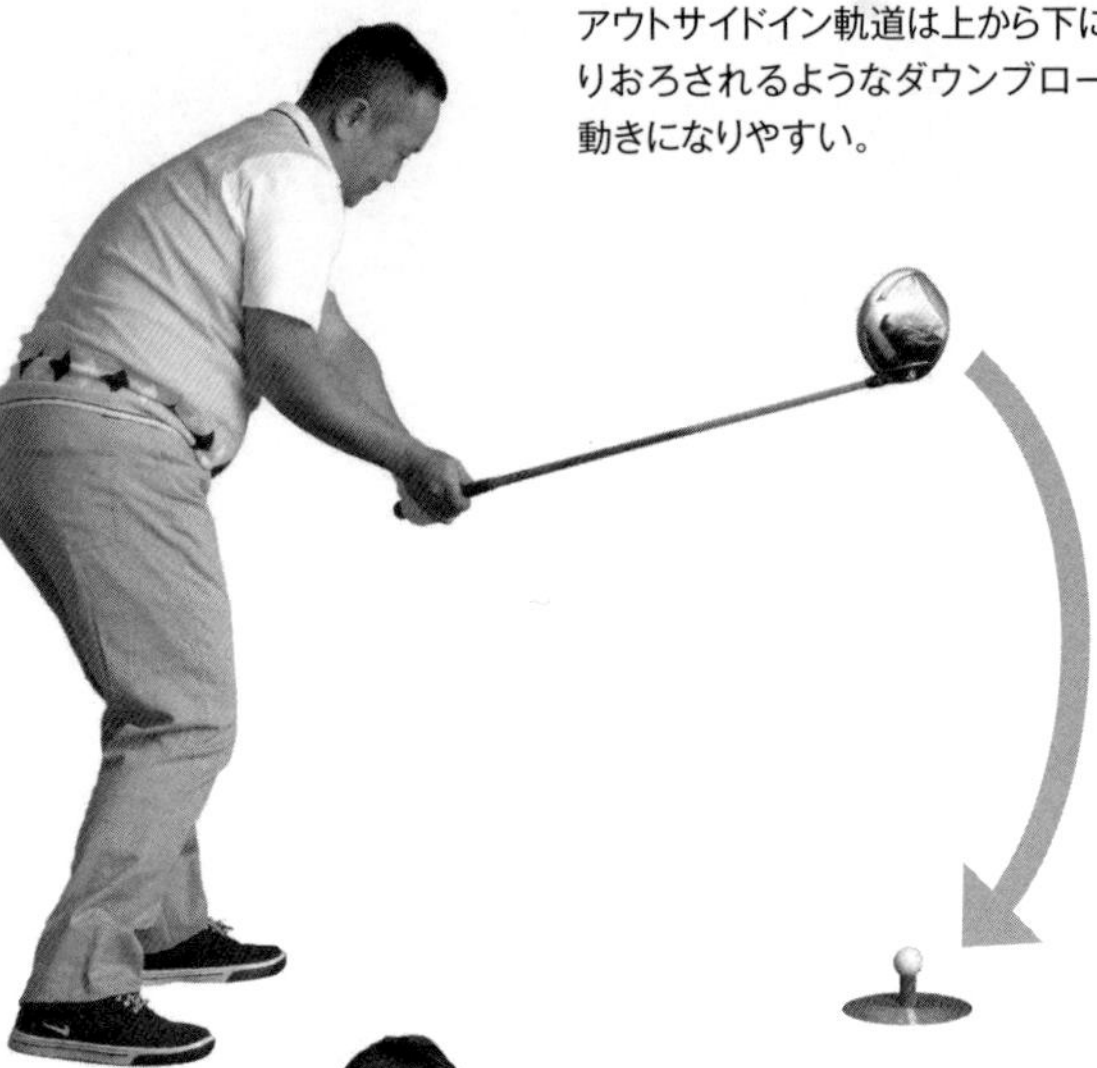

ダウンブローのインパクトではボールを下に潰すように打つので逆回転の摩擦が起こる。

インサイドアウト軌道はヘッドが低い位置からボールに向かっていくのでレベルブローになりやすい。

レベルブローのインパクトは、 横から打つので潰すような摩擦は少なく、バックスピンが減少する。

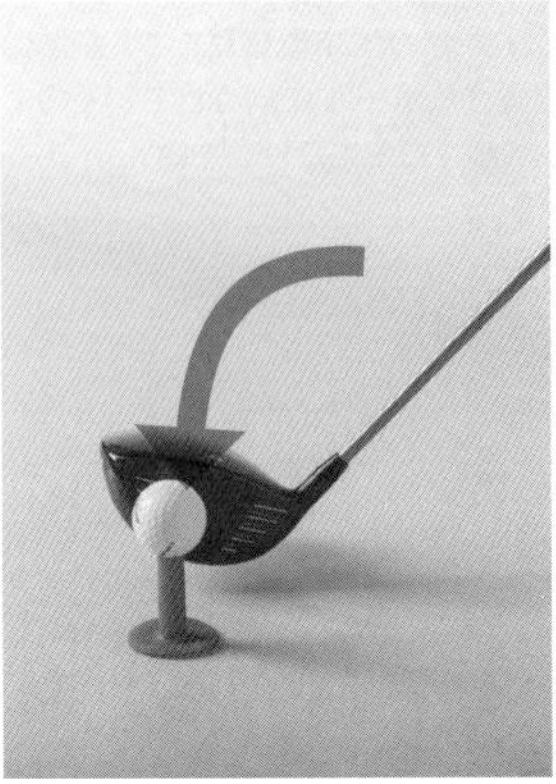

内から外に払うようなインパクトだとフック回転になるがバックスピンは少なめになり効率は良い。

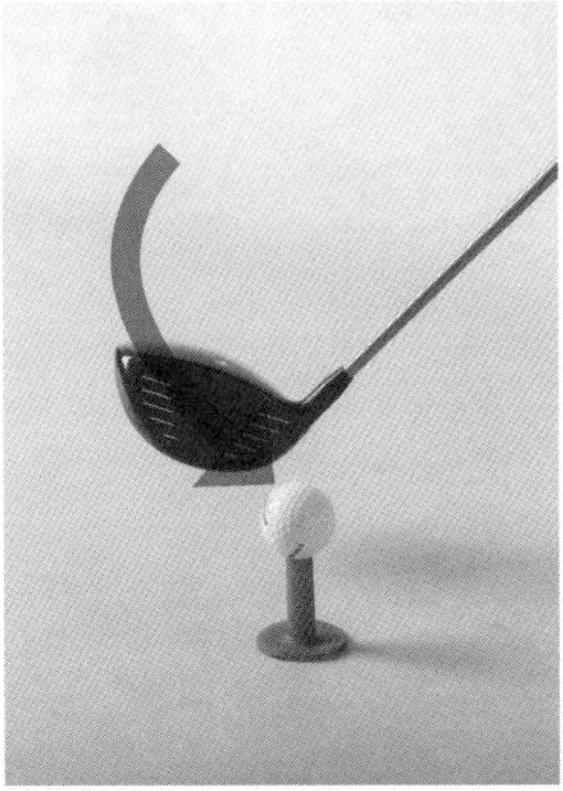

外から内にボールを潰すようなインパクトだとスライス回転と共にバックスピンが入り効率が落ちる。

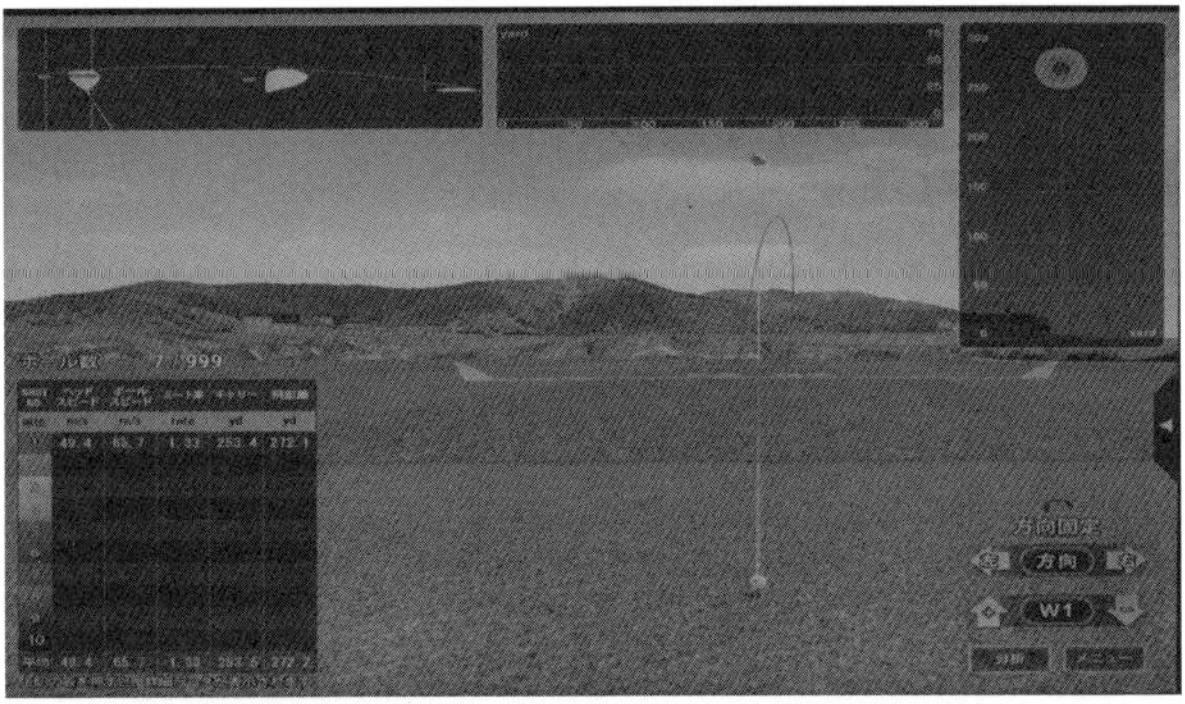

つかまったドロー回転のボール、特に目標方向より右に飛び出し目標方向に戻るように飛ぶ弾道は、ボール初速、打ち出し角、スピン量のバランスが良く飛距離が出やすい。

ストレート

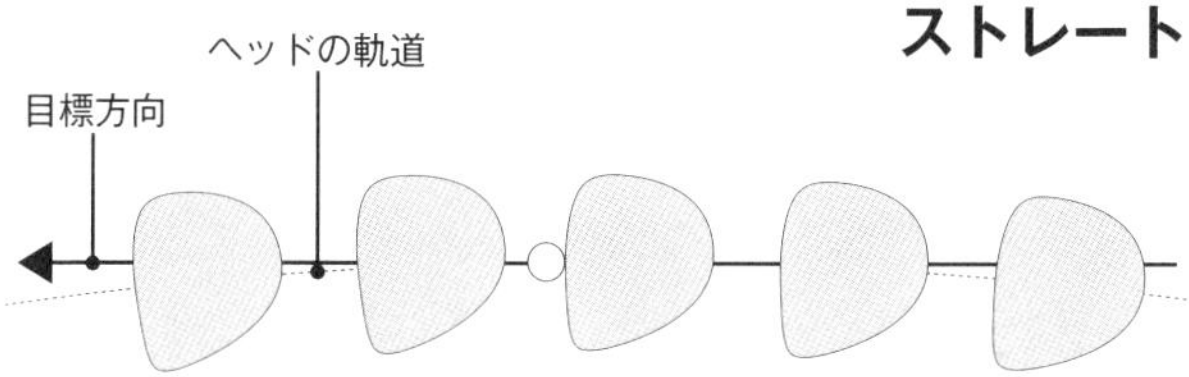

左右均等のヘッド軌道、フェース面が目標を向いた状態でインパクトすればボールにサイドスピンはかからないのでストレートボールになる。

スライス

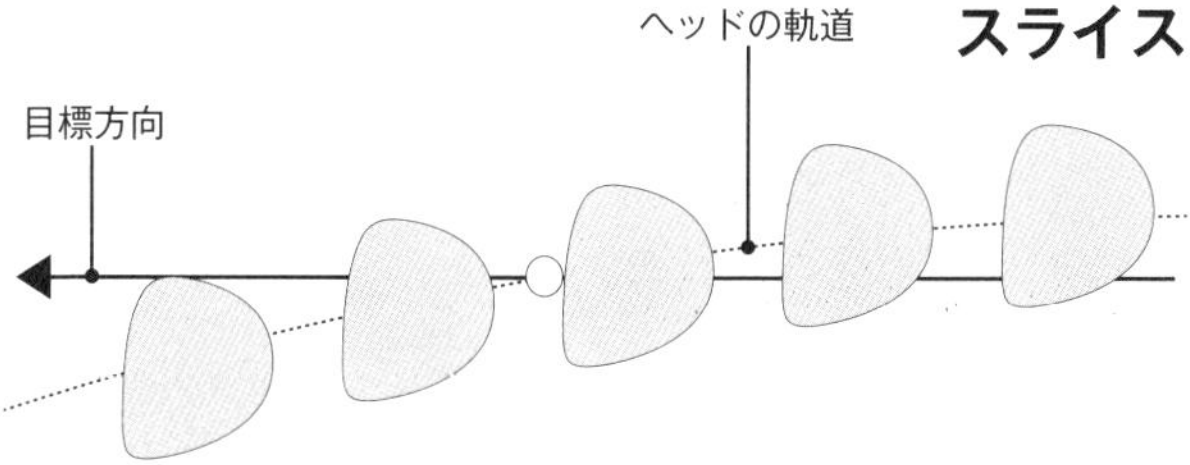

アウトサイドイン軌道でフェースが目標より右を向いた状態でインパクトするとボールは右に飛び出しスライスになる。

フック

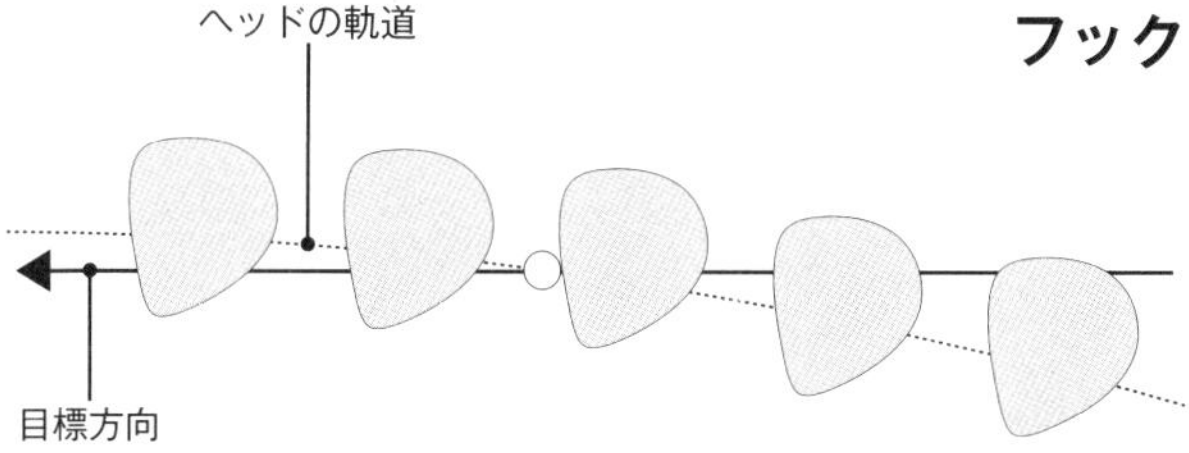

インサイドアウト軌道でフェースが目標より左を向いた状態でインパクトするとボールは左に飛び出しフックになる。

飛ばしの極意の体感ドリル
〜自分の持つパワーを生かせる打ち方をやってみよう〜

ここまで読んでくださった方はお気づきかと思いますが、自分のパワーを最大限に生かして飛ばすにはどんなことが必要でしょうか？　理想は、ボールをつかまえて適正な打ち出し角、スピン量を確保し、芯で打つ事です。そのためには、再現性の高いスイングと個々のスイングに合ったクラブが必要です。

この理想を実現するための項目のうち、打ち出し角とスピン量はクラブで実現できます。しかしボールをつかまえるということと、芯で打つことは、どうしてもクラブだけでは補えず、スイングの技術が必要になります。ボールをつかまえる動きに関しては前述しましたが、習得するにはドローボール、右打ちの方なら左に曲がるボールを打つ練習が一番体感しやすいと思います。その練習法をご紹介しましょう。この練習法は、現在スライス系のボールを打っている方には是非試して頂きたいものです。フック系のボールを打っている方は、そのフックを制御するためのヒントになると思いますので、どちらの傾向の方も是非試してみてください。

最初は、とにかく曲りが強くても左に曲げるということに挑戦してみてください。クラブは7番アイアン前後を使い、振り幅の目安はハーフショットでやります。この時にひとつだけ気を付けて欲しいのが目標より左に打ち出さないこと。左に打ち出して左に曲がるボールは、高さが出ないのでキャリーも出ないですし、制御もほとんど効きません。打ち出し方向は目標から真っ直ぐかやや右ぐらいに打ち出して左に曲げる練習をしてください。ボールをつかまえる動きの第一歩です。

ボールを左に曲げるというのは、インパクトの瞬間にヘッドがしっかりターンしないとできません。このヘッドをターンさせる動きを覚えてください。イメージは、スイング軌道をインサイドアウトに振ることを強く意識し、ダウンスイングで内から外に向かってヘッドをターンさせながら振り抜いていきます。初めは、振り幅はハーフショット、距離は気にせず左に曲げることが目標です。しかしボールを左に打ち出すことだけは厳禁です。これだけは気を付けてください。

確実に左に曲がるボールを打てるようになったら、次は曲がる角度を少しずつ緩やかにしていきます。インサイドアウトのスイング軌道を少しずつ緩やかにしていき、曲る角度を確かめながら練習していきます。振り幅は同じくハーフショットから。この時も最初と同じようにボールを左に打ち出さないように。そして慣れて来たら徐々に振り幅をフルショットの８割程度まで大きくしていきます。

この練習で大切なのは、フェースの面を意識することです。インパクトでボールは潰されてフェースにくっつき、そして元に戻りながらフェース面を離れていくのですが、このボールがフェースにくっついて離れるほんのわずかな時間の中でもヘッドは止まることなく進んでいて、このボールに当たる瞬間からボールが離れる瞬間までのヘッドの向きとターンのスピードが、曲がりの幅を制御するカギになります。制御されたドローを打つためには、緩やかなインサイドアウト軌道に制御されたヘッドターンが必要です。

左に曲げるボールを意図的にできるようになったら、目標に対してのインサイドアウト軌道の角度とヘッドターンのスピードを意識して練習し、ボールの曲がり幅を確認しながら自分の最適な曲がり幅を探してください。この時、クラブなどの長い棒を振り抜く方向、つまりに目標方向より右に向けて置くようにするとよりインサイドアウト軌道のイメージが沸きやすくなります。

後はそのボールを制御し、同じ曲り幅を保てるように練習しましょう。8割のスイングで曲り幅を抑えたドローボールが打てるようになれば、ボールをつかまえるという動きをほぼ習得したと言ってよいと思います。最後はフルショット時でも同じ動きを練習するだけです。

このボールをつかまえる動きと、レベルブローを習得すれば、効率の良い弾道を打つスイングの準備はできています。しかし何度も言っている通り、スイングだけできていても効率良い弾道を打つ事はできません。クラブとスイングのマッチングがあって初めて〝飛ぶ〟弾道は生まれるのです。

弾道の高さやスピン量、そして曲がり幅等は、個々のスイングとクラブのマッチングによって変わります。自分の最大の飛距離とは、自分のスイングの効率を最大限に生かすクラブがなければ生まれないのです。

ボール は飛距離、スコアを左右する大切な要素のひとつ
～あなたが思っているよりボールの影響はとても大きい～

皆さんはボールをどのように選ばれているでしょうか？　現在発売されているボールは、大まかに分類すると飛距離重視のディスタンス系と、グリーン上で止まりやすいスピン系とに分けられます。競技やシビアなスコアメイクを必要としないエンジョイゴルファーの方は、ほとんどディスタンス系を選んでいると思います。やっぱり少しでも飛んだ方が気持ち良いですものね。しかしまれにディスタンス系よりスピン系のボールを使った方が飛ぶ方もいるのです。

スピン系ボールとディスタンス系ボールの最大の違いはスピン量です。文字通りスピン系のボールは、グリーンでボールを止めるためにスピンが良くかかるように設計されています。ディスタンス系は、ドライバーでのインパクトでスピンがかかり過ぎないように設計されており、強い直進性の高い弾道が打ちやすくなっているのです。しかしスイング傾向でスピン量が少ないゴルファーがディスタンス系を使用するとスピンが減り

過ぎて十分な浮力を得られず、ドロップしてしまうことがあります。こうなるとキャリーが減り、効率が下がって飛ばなくなってしまうのです。そういった方はスピン系の方が飛距離は出ます。

誰でもディスタンス系のボールが飛ぶとは限らないのです。今はディスタンス系でも比較的スピンがかかるモデルや、スピン系でもやや飛距離を考えたモデルもあり、細分化されているので自分の用途に合ったモデルを選びましょう。もちろん自分のスイングとの相性がありますので、いくつか試して結果が良いモデルを選ぶとイイですね。

是非皆さんに実践して頂きたいのが、使うボールの統一です。普通に楽しんでラウンドする分には、毎ホールでボールを変えても誰にも迷惑をかけませんが、自分のプレーにジワジワと悪い影響を与えます。ボールはモデルが変わると素材や構造が各モデル違うので、インパクトでのフィーリングが微妙に変わります。そしてボールの曲がり具合や飛距離も違ってくるのです。

そうなるとどうなるか？　まずパットのタッチが毎回変わってきます。アプローチの距離感も微妙にズレてきます。そしてアイアンやウッド等のフルショットの飛距離も変わってきます。毎回ボールが違うと、どれくらい飛ぶかわからないクラブでゴルフをしているのと同じくらいゴルフが難しくなってしまうのです。

毎回ニューボールを買う必要はありません。同じモデルのボールを使うのがベストですが、スピン系ならスピン系、ディスタンス系ならディスタンス系に絞り込むだけでも大幅な距離の乱れは減ります。少しボールに気を配るだけでも、飛距離が伸ばせる可能性がありますし、ミスも減らせる可能性があるんですよ。

ボールを変えると
ドライバーを変えるぐらい
プレーに影響が出る!

第4章

あなたの理想の飛ばし方は、あなたの中にしかない

最後に、あなた自身が目指すべき飛ばし方を考えていきましょう。
スイングタイプは十人十色。
だからこそ、あなたに最適なクラブを確実に選ぶ必要があるのです。
運命の1本に出会えば、あなたのゴルフは必ず変わります。

飛距離を伸ばすための三つの原則

～己を知りクラブを知れば、必ず飛距離は伸びる～

ここまで読んでいただければ、ほとんどの方はどうすれば今の自分より飛ばすことができるかに、気付いていていただけたのではないかと思います。もしここまで分析ができていて飛距離を伸ばすことができていないゴルファーがいるとしたら、すでに十分な効率の良いボールを打てているか、改善すべき点を見誤っているかのどちらかでしょう。しつこいようですが、弾道の数値は、自身のスイングの特徴とクラブの特徴が合わさった状態で出ているものです。もし、思ったように飛距離が出ていないのなら、

①どの数値が問題で思った弾道になっていないのか？

②そしてその数値が悪い原因はどこにあるのか？

③それはどうすれば改善できるのか？

といった流れで修正していくことになります。

この中で③どうすれば改善できるのか？　という部分のほとんどは、クラブで改善が

可能です。スイングの再現性を高めることも大切ですが、自分の打ちたい弾道に適していないクラブを反復練習してしまうと、真っ直ぐボールを打とうとするため本来しなくていい余計な動きが入り、スイングの再現性を高めることはおろか、誤ったスイングが身についてしまう可能性すらあるのです。

例えば、ボールが上がりやすく、ある程度スピンのかかる設計のクラブで低スピンのボールを打とうとすれば、余分な動きをしなければならず、スピンの少ないボールが打てたとしてもそれはクラブの設計通りの球筋ではないので飛距離は期待できないわけです。

これはスイングも同様です。ある程度再現性の高いスイングを身に付けているゴルファーでも、そのスイングに合っていないドライバーを使用していると効率良くパワーがボールに伝わらず飛距離もロスしますし、曲がり幅も大きくなります。ボールが曲がりだすと真っ直ぐ飛ばそうとしてスイングをアジャストしますから、本来振れるはずのスイングよりスムーズに動くのは難しいでしょう。自分が打ちたい弾道を知っている人でもクラブが合っていなければ効率良い弾道は打ちづらいわけですから、自分の弾道を理解せず、ただ飛ばしたいと言って評判の良いクラブを買ってしまう方は、正直言って

あなたの理想の飛ばし方は、あなたの中にしかない

飛距離が伸びたとしてもそれは相当なまぐれです。もし飛距離が伸びたとしてもそれは相当なまぐれです。

飛距離を伸ばすために、守ってほしい大原則は三つ。

①自分の弾道のボール初速、打ち出し角、バックスピン量を知り、何が飛距離をロスさせているのかを知ること

②飛距離ロスの原因である数値は、まずクラブが原因かもしれないと疑うこと

③自分が修正したい部分を補ってくれるクラブを使い、クラブの性能を信じて振ること

この三つが実践できれば、スイングを何も修正しなくても飛距離をアップさせることはできます。これは自分のスイングの効率の良くない部分をクラブに補ってもらう考え方です。今でも、フックフェースのクラブが構えづらくて好きではないというゴルファーは多くいます。しかしそのフックフェースはボールを上手くつかまえられないゴルファーのつかまりを助けるために作られた機能です。これを食わず嫌いで敬遠していると無理につかまえる動きをしなければならないので、効率が下がるのです。見た目を気にして、わざわざ飛ばないクラブを選んでいるということなんですね。

フィッティングを受ける時に注意すること
～普段出るミスをすべて出し切ることが大切～

「フィッティングを受けたいけど、上手くないし恥ずかしいな」なんて思っているそこのあなた。そんなこと言わずに是非受けてみてください。皆さん誤解されている方が多いのですが、フィッティングは〝上手い人が受けるもの〟ではありません。自分に合ったクラブを見つけるために受けるもので、腕前は関係ないのです。

弾道を計測しますから、実際にボールは打っていただきますが、決して良いボールを打つ必要はありません。むしろ良いボールばかり出たら、「そのクラブで合っています」という診断結果で終わってしまいます。普段出るミスを見せていただくことで、よりあなたに合ったクラブを探し出すことができるのです。

フィッティングの診断中に、あたかもドラコンホールに来たように振り回す方や、一生懸命良いボールを打とうとする方がいますが、そんな心構えは必要ありませんよ。ただいつも通りに打っていただければ良いのです。

あなたの理想の飛ばし方は、
あなたの中にしかない

ゴルフは、思い描いた最高のナイスショットを求めるスポーツではありません。それができれば最高ですが、そんなことは、タイガー・ウッズだってできません。できるだけミスの幅を狭くし、ミスしたときの怪我を少なくすることで、平均飛距離が伸び、パーオン率が上がっていくのです。もちろんその中で、最大の飛距離を追及はしていきます。

しかし最大の飛距離だけを求めてしまうと、安定性が損なわれてしまいます。ドラコンの競技に出ている方ならそれでも良いでしょうが、ゴルフは飛距離と安定性のバランスが良くなければ、スコアになりません。そのバランスは個々のスイングの特徴に合わせたクラブを使わなければ、両立できません。特に安定性に加えて最大の飛距離を求めるのならなおさらです。

安定性だけを求めるなら簡単です。ティショットを7番アイアンで打てば良いのですから。クラブが短ければミート率は上がり、曲りのミスは減少します。しかしそれでは、飛距離は得られませんよね。ミスしづらく、ミスしても曲りが少ない、自分のパワー、スイングの特徴を生かした効率の良い弾道を打てるクラブに出合うことをお手伝いするのが、フィッティングなのです。ですからフィッティングを受ける際には、「自分のミスを出し切るぞ！」ぐらいの気持ちで受けてください。あなたのスイングの特徴やクセ、ミスを見せていただかないと、ピッタリのシャフトやヘッドを見つけることができません。ナイスショットを打つのは、自分に合ったクラブに出合えた時に取っておいてください。

フィッティングの最中に
いいショットを打とうなんて
思っちゃだめですよ～

あなたの理想の飛ばし方は、
あなたの中にしかない

フィッティングの流れ
～自分の意見を持つのは大切だが、聞く耳を持つことも大切～

クラブフィッティングは、ゴルフ業界全体で統一された内容というものは現段階ではありません。クラブメーカーさんがやっているもの、シャフトメーカーさんがやっているもの、私のようなティーチングプロがやっているものもあります。みなそれぞれが独自に研究、開発したプログラムを元に行っています。内容も様々ですし、おすすめする商品や範囲も様々です。どこも共通の流れとしては大まかに、ゴルファーの診断↓タイプの判別↓おすすめモデルを決める、といった感じです。

このフィッティングという作業をわかりやすく説明するために、実際に私がやっているフィッティングの流れを架空のゴルファーを立ててご説明しましょう。

フィッティングにいらっしゃったのは、Aさんという男性。最初に現在のクラブのスペックを始め、どんなことがきっかけでフィッティングを受けたいと思ったのか、そしてどんなクラブ、どんな弾道を打ちたいか等を問診します。

お話をお聞きすると、年齢は36歳。現在は、知人からもらったクラブを使っているそうで、先日、ベストスコア103が出てもっと上手くなりたいと思うようになり、ドライバーの買い替えを決意したのですが、どんなクラブを買って良いのかわからないとのこと。

また、今度のクラブは長く使いたいので、自分が上手くなっても使い続けられるようなクラブを購入したい。現在はスライスに悩んでいて、飛距離も同じぐらいの体型の人と比べても飛ばないらしく、もう少し飛距離が欲しい、そして将来的にはドローボールが打てるようになりたいというご要望もありました。

さらに、現在レッスンに通いだして、スイングを直そうとしていますが、コーチから言われて、トップで手の位置を低くして、フラットに振る練習をしているとのことでした。

ここまでお話をお聞きしたら、まずはウォームアップを兼ねて今お使いのクラブでボールを打って頂きます。今お使いのクラブをお持ちいただくのがベストですが、都合によっては持ってこられないお客様もいますので、その場合はクラブをお貸出ししています。そのぶん、問診を詳しくし、今お使いのクラブのモデルやスペックを控えてきてもらうようにして、できるだけ普段の弾道を再現できるように心がけています。Aさん

あなたの理想の飛ばし方は、
あなたの中にしかない

はお持ちいただいているので、ご自分のクラブでウォームアップしてもらいます。

その間に私はスイングを観察し、スイングの傾向を確認します。そして身体が十分に温まってきたら、今使っているクラブで弾道の計測を始めます。大体ちゃんとした当たりを3～4球ほど計測し、先ほどのスイング傾向と弾道をすり合わせて傾向を確認。現状のAさんの弾道は、どうしてこうなっているのか、Aさんが感じている内容と合っているのか、そしてどんなクラブを選べば良いのか等を説明します。

Aさんの場合は、典型的なスライススイングでした。スイング軌道はアウトサイドインで、やや振り遅れの症状が見られました。対症療法なら、強くつかまるクラブを探すのですが、レッスンに通い、アウトサイドインの軌道を修正しようとしているようなので、ほどほどにつかまり、正しい動きができた時に最も効率が良い弾道が出るようなクラブを探しましょうと説明します。

このあたりは割としっかりとお話してご意見もお伺いします。これから診断を行う上で、疑問や不安をお持ちのままだと結果に影響が出るからです。クラブは、こちらが一方的に診断して合っているとおすすめしても、使う本人が疑問や不安を持っていたらそのマイナスの気持ちがスイングに影響し、せっかくのクラブの性能が発揮されない可能性があります。

過去にフィッティングをしたお客様で、どう説明しても持論を崩さない方がいらっしゃいました。その方は、使いたいクラブの候補がいくつかあり、どれが一番自分に合うのかが知りたいという理由でフィッティングに来られました。実際に計測し、十分に説明をしたうえで診断したのですが、心の中では使いたいクラブが決まっていたのでしょうね。まったくこちらの説明を聞いてくれませんでした。

その場合は、できるだけお客様のご意見を尊重します。もちろん合っていないクラブを合っている、とは言いません。しかしこちらの意見を押し付けても疑問や不安が残ってしまうので、可能な限り説明し、それでも自分の意見の方が正しいと思うのであれば、その中でどうすればお客様の考える理想に近づけるかをご説明するようにしています。

もしあなたがフィッティングを受ける機会がありましたら、是非自分の意見をその担当者にぶつけてください。そして相手の説明も良く聞き、自分が納得するまで話してください。そうでなければ完全にあなたにフィットするクラブは作れないのです。

あなたの理想の飛ばし方は、あなたの中にしかない

話を戻しましょう。現状とどんなクラブを使えば理想に近づくのか等を説明し、ご納得いただけたら、シャフト診断に入ります。

私のシャフト診断は全くのオリジナルです。重量帯別で中しなり、先しなり、元しなり、両しなりの4本のシャフトを外見では全く区別が付かないようにして作り、それぞれを同じヘッドで試打してもらいます。そして1本につき、3球ずつデータをとって、打っていただいたときのフィーリングやタイミングの取りやすさを聞きながら、データの結果と本人が振りやすいシャフトをすり合わせて診断します。

Aさんの場合は、今お使いのクラブのシャフト重量が50g台のものでしたので、同じ50g台のもので診断しました。本人は、特に重さに違和感はないようですし、ウォームアップ時のスイングを確認した時も重すぎたり軽すぎたりした様子はなかったので、同じで良いと判断しました。この診断用のシャフトは、同じヘッドが装着できるスリーブを装着してありますので、診断は同じヘッドで行います。そうすれば弾道の違いはシャフトの挙動の違いによって起きていると断定できるからです。

シャフトの分類のところで説明しましたが、ポイントは、手元側が硬い方柔らかい方、どちらがタイミングが取りやすいのかという点です。今まで使っていたシャフトがタイミングの取りやすい分類に入っていれば、ミスや飛距離低下の原因は、別にあると判断できるのですが、ミスに悩んでいる方は、大抵合っていないシャフトを使っていますね。

シャフトのことで一つお話しておきたいのですが、ある程度ボールを打てるようになった時点でできるだけ早くシャフトフィッティングを受け、自分の振りやすいシャフトの傾向を知っておくべきだと私は考えています。手元側のしなり方の違いによるタイミングの取りやすさの好みというのは、どれだけ上達しても極端にスイングを改造でもしない限り、変わりません。自分のタイミングで振ることができるシャフトをできるだけ早く使った方が、ミート率は上げやすくなりますし、大きなミスも減らすことができます。つまり上達スピードも早めることができるのです。

Aさんの診断は、手元のしなりが少ない先しなりのシャフトが一番合っているという結果になりました。同じ手元のしなりが少ないタイプの中しなりよりもスライスする量が少なく、ボールがつかまっていました。Aさんは、同じヘッドで試打したのに結果が違うことに少し驚いていました。

4本振った感触はあまり違いを感じなかったようですが、飛んでいくボールには明らかな違いが出ました。ちなみに今まで4本のシャフトを打って、しなる場所を言い当てた人は、2人しかいません。振り心地の違いを感じる方は結構いらっしゃいますが、どこがしなるかまで分かる方はほとんどいないのです。しかし違いや結果は必ず出るので、安心して診断を受けてください。

振りやすいシャフトが決まれば、後は市販品のシャフトに落とし込みます。ゴルフフィールズには、フィッティングで使用する市販品のシャフトはスペック別を含め、200本以上用意してあります。さすがにすべてのシャフトをご用意することは難しいですが、大手主要メーカーさんの最新シャフトを始め、メーカーさんが販売を続けている過去のシャフトもできるだけ置くようにしています。こちらのシャフトもすべて同じメーカーさんのスリーブを付けてありますので、全部のシャフトを同じヘッドで試打できるようにしてあります。

これもみなさんに知っておいて頂きたいのですが、シャフトの場合、「最新が最良のモデル」ではありません。何度も説明してきましたが、自分が振りやすいシャフトがあなたにとって最良モデルであり、それは最新モデルであるとは限りません。新しく発売されるシャフトは年々技術力が上がっているので、進化はしています。しかしそのシャフトが、振りづらい、タイミングが取りづらいシャフトであったなら、全くあなたには効果がないのです。もちろん最新のシャフトがバッチリ合う方だっています。でもそれはたまたまその方のスイングがそのシャフトの挙動とピッタリ合ったというだけなのです。

さてAさんには、4本ほど動きや特徴が違う先しなりのシャフトを先ほどと同じ要領で試打してもらいます。そしてまた同じようにデータを本人の振った感触を踏まえて最終的に1本に絞り込むのです。

試打したデータの中で一番の判断基準は、ボール初速です。曲がりの度合いやスピン量も大切ですが、ボール初速が出るシャフトは、打ち手のパワーをしっかりとボールに伝えている証拠のひとつです。いくら曲がらない弾道が出るシャフトでもボール初速が出ないシャフトは、その人に合っているとは言えません。特にAさんのようにレッスンに通っているようなゴルファーは根本治療の考え方、長い目で見たクラブが必要になるので、バランスは大切ですが、少々の曲がりであれば私はボール初速を優先し、後はヘッドの性能やスイングの修正等で曲がりを矯正します。

シャフトが決まれば最後はヘッドの選定です。Aさんが理想とする弾道とスイングの傾向、そして診断結果で決まったシャフトとの相性を考えてヘッドを探します。

最初に使うヘッドが決まっている方もおりますので、その場合は市販品のシャフトを選ぶ時にあらかじめ配慮しておきます。今回のAさんの場合は、特に指定はありませんでしたので、ミスした時に曲りが少なくボールがつかまりやすい深重心で、重心距離のやや短いヘッドをおすすめします。ヘッドを走らせボールをつかまえる動きのしやすい先しなりのシャフトは、つかまりの良いヘッドと相性も良いのです。

私の考えでは、つかまりを抑えたシャフトはつかまりの抑えたヘッドと、つかまりの良いシャフトはつかまりの良いヘッドと組み合わせた方が良いと考えています。それぞれ異なった特性を持つシャフトとヘッドを組み合わせると、ミスした時に出る球が予想しづらく、扱いづらいクラブに仕上がってしまう可能性があるからです。ミスした時に大きなミスにならないのが良いクラブの条件です。その条件に当てはまるクラブは、安定性や平均飛距離の底上げに大きく効果を発揮してくれるのです。

フィッティングの流れは大体このような感じです。ゴルフフィールズの場合、フィッティングは有料でやっていますが、無料で行っているところもあります。おすすめしたクラブは、ゴルフフィールズではその場で注文することもできますし、診断結果をもとに自分で購入したり、リシャフトしたりするのも自由です。フィッティングをしたらクラブは購入しないといけないなんてことはないので安心してください。

自分でスイングやクラブを勉強することはとても大切ですが、自分に合ったクラブに出合うにはフィッティングを受けるのが一番の近道でもあります。今後ゴルフを続けていくうえで、絶対に損はないと思いますので、是非みなさんに体験をしてもらえたらと思います。

ミスしたときに
大きなミスにならないのが
良いクラブ!

フィッティングの流れ

①問診

まずは悩み、お使いのクラブ、フィッティングを受けるきっかけ、目指す弾道などを確認する。

②ウォームアップ

計測に入る前に準備体操を兼ねてご自分のクラブで数発打ってもらう。この間にスイングをチェック。

③計測

身体が温まってきたら、現状の症状を把握するためご自分のクラブで打った弾道を計測。

④ディスカッション

スイング傾向と計測した弾道から問題点を抽出。何が原因かを明確にし、探すクラブの傾向を決定。

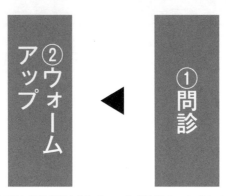

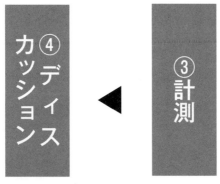

⑤シャフト選び

診断用シャフト４本を試打し、振りやすいしなるポイントを診断。そこから市販品に落とし込む。

◀

⑥ヘッド選び

シャフトが決まれば、理想の弾道が打ちやすいヘッドをシャフトのマッチングを考慮して決める。

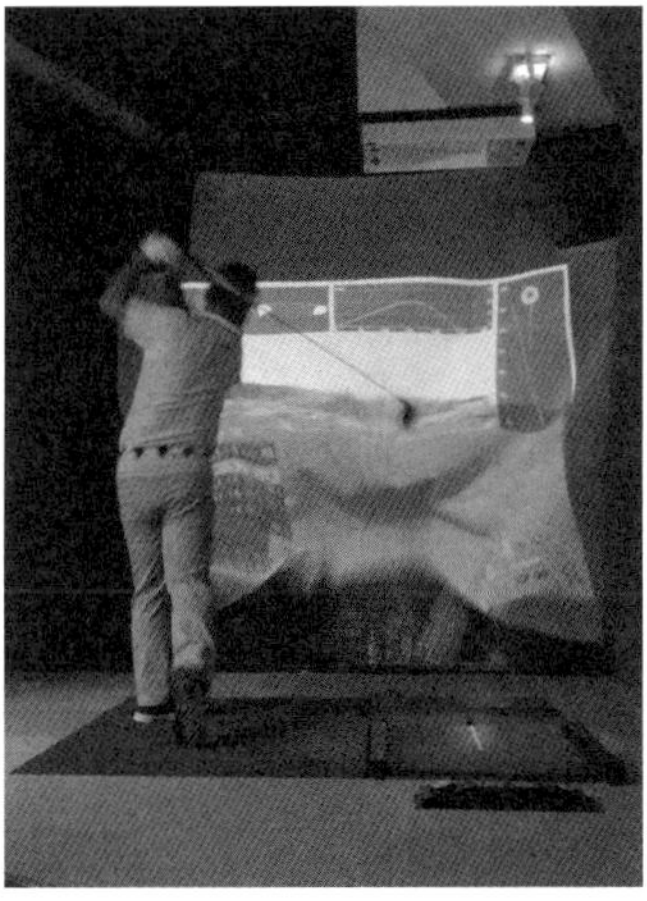

診断に疑問があれば、解決するまで質問することが大切。自分が納得しなければ本当の意味でクラブがフィットしませんよ。

フィッティングで実際にあったお話①
～今までのフィッティングで一番距離の差が生まれたのは30ヤード～

私は、フィッティングで数多くの方を見させていただきました。その中で実際にあった興味深い結果をいくつかお話しましょう。

皆さんの興味があるのは、おそらく〝フィッティングをして実際にどれだけ距離が延びるのか〟という部分だと思います。フィッティングというのは、皆さんのスイングの効率を最大限に上げることだと思っています。つまり結果は、現段階で皆さんのスイングの効率がどれだけ発揮されているかというところに影響されます。もともと効率が良い方であれば、極端な結果は望めないですし、とても非効率な方であれば、驚くような結果が出る場合もあります。

私が今まで担当させて頂いたゴルファーの中で飛距離に大きく差が出た方は約30ヤード。これは、フィッティングで同じヘッドで色々なシャフトを打ち比べるのですが、この時の差が30ヤードです。当たりそこないというわけではなく、どちらの球もそこそこの当たりだったのですが、球筋が違いました。

　飛ばなかった弾道は、打ち出し角の高いプッシュスライスでした。飛んだ弾道は少し引っかかり気味でしたが、適度な高さのドローボール。同じヘッドなので、単純にシャフトの影響がここまでの違いを生み出したのです。前記しましたが、シャフトは弾道にも影響しますが、一番の違いはタイミングの取りやすさです。この30ヤードの違いは両方が大きく影響したのでしょう。飛ばなかった弾道は、タイミングが外れ、ヘッドスピードが同じぐらいでもフェースが開いて当たり、大きなスライスになっていました。対する飛んだ方は、しっかりとヘッドがターンし自分のタイミングで打てたので、これだけの差が出たのです。

あなたの使われているシャフトは本当に自分のタイミングで振れているでしょうか？

これを知るには、まず色々なシャフトで打ってみることです。フィッティングを受けるのが一番ですが、シャフトを打ち比べられないところもあります。クラブの買い替えをお考えなら、ヘッドとシャフトを分けて考えて吟味することが良いシャフト、ヘッドに出合えるコツなのです。

フィッティングで実際にあったお話②

～フィッティングではそのままで良いという結果もある～

フィッティングで多いのが、「今のクラブが本当に自分に合っているのか知りたい」という方です。ゴルフ雑誌に書いてあったことを参考にして購入したとか、知り合いに勧められて購入したとか、上司から譲り受けた等々、様々な理由で今のクラブを手に入れ、使っているけど、本当に自分に合っているのか？　という疑問を持っている方が多いですね。

でもこれは当然な疑問です。クラブは常に進歩していますし、上達すれば、さらに効率を伸ばせるクラブが出てくる可能性があります。現に私も常に気になるクラブを見つけると購入し、自分に合わせてチューニングし、試して最高の効率を探しています。まぁ無類のギア好きということもあるのですが……。

私のことは置いておいて、そういった疑問をお持ちの方でもフィッティングの結果、今お使いのクラブのままで問題ないと判断することがあります。自分に合っているクラブなら合っているかどうかなんて疑問を持たないんじゃないの？　と思うかもしれませんが、ゴルフはどんなに調子が良くてもすべて思い通りにショットが打てるなんてことはプロでもありません。ましてやアマチュアの人ならば、思い通りのショットなんて一日に一回でも出れば良いでしょう。

ゴルフはナイスショットを連発するゲームではなく、ミスを如何に減らし、ミスをしても怪我をどれだけ最小限に抑えるかというゲームです。さらに精神的な動揺がショットに大きく影響し、ミスにつながるといった繊細な部分があります。

クラブに疑問を持っていると、合っているのに不安がよぎり、ミスにつながってしまうなんてこともあるのです。クラブ重量が合っていないとか、シャフトの硬さが合っていないとか、細かい部分がズレているという方もいますが、使っているクラブの方向は間違っていないのに上手く打てないという方もいるのです。そういった方には、診断結果を踏まえて「あなたのスイングで今考えている理想の弾道を打ちたいなら、今のクラブで問題ない」とご説明します。そして理想の弾道を打つために〝クラブをどう使えば良いか〟をお伝えします。ほとんどの方は、それで上手く打てるようになりますね。

あなたの理想の飛ばし方は、あなたの中にしかない

クラブの性質を理解するだけで弾道も変わりますし、安心することによってミスも減ってくるのです。もちろん同じ流れのクラブで最新のクラブをおすすめすることもできますが、無理にクラブを替える必要はないので、そこはご希望に合わせてご提案しています。

ご自分の使っているクラブでもし疑問があるなら、どんな弾道が打ちやすいクラブなのか？　どんなゴルファーに向けたクラブなのか？　を調べてみてください。それが自分の理想とする弾道と合っていなければ、それはミスを広げてしまうあなたにとって〝難しいクラブ〟なのかもしれませんよ。

自分の使っているクラブに疑問があるなら是非調べましょう。それだけでミスが減るかもしれませんよ！

タイプ別クラブ選び①

～スライスに悩む人はこんなクラブを選べ～

ゴルフにハマると一度は憧れの弾道として打ってみたくなるのがドローボール。これを理想の弾道としている方も多いのではないでしょうか。第3章でご説明した〝ボールをつかまえる〟という動きは、結果としてこのドローボールが自然と打ちやすくなる動きでもあります。私の考える効率の良い弾道は軽いドローボールで、私のレッスンでも目指すべき弾道として推奨しています。しかしすべてのゴルファーがドローボールを習得すれば飛ぶようになるわけではないので、そこはスイングと本人の希望を見ながら目指すべきスイングや弾道は決めています。

このドローボールを理想の弾道としているゴルファーは、スライスに悩んでいる方が多いです。今までスライスで飛距離を大きくロスし、右のミスが多くなるので、左にゆるやかに曲がりながら強い弾道で飛んでいくドローボールに憧れを抱くのはとてもよく分かります。ではスライスに悩むゴルファーはどんなクラブを使えば、右へのミスが減

あなたの理想の飛ばし方は、あなたの中にしかない

り、効率良い弾道が打てるのでしょうか？　その辺をご説明していきましょう。

まず曲がりやミスに対する考え方として即効性の対症療法と持続性の高い根本治療があります。これはレッスン、フィッティング両方に当てはまるのですが、対症療法は、今の曲がりやミスを消すことだけを考えて、いかに今の欠点をクラブで中和するかという考え方。根本治療は、今あるスイングのクセや、理想の弾道を打つために必要な動きを踏まえ、正しい動きができたスイングにクラブを合わせるという考え方です。

対処療法と根本治療はバランスが大切で、即効性があり対症療法が強い考え方ですと、スイングが良くなってきたときに今度は逆のミスが出やすいクラブになってしまいますし、先を読み過ぎて、できてもいない動きに合わせてクラブを購入しても打てるはずありません。今のままでとにかくミスを減らしたいのか、これからどんどん上達をしていきながら理想を追いつつミスを減らしたいのかで、選ぶべきクラブは変わってくるのです。

前置きが長くなりましたが、スライスに悩むゴルファーが選ぶべきクラブは、いわゆるボールがつかまりやすいクラブです。このつかまりやすいクラブというのは重心角が大きいヘッドの返りやすいクラブを指します。ヘッドの分類のところで説明をしましたが、スライスとは、右打ちのゴルファーの場合、アウトサイドインのスイング軌道で起きる他にインパクトでヘッドが通るスイング軌道よりフェースが右を向くことでも右回転のスピンがボールにかかり、ボールが右に曲がる現象のことです。スイング軌道に対してヘッドをスクェアに戻すことができれば、飛び出した方向に真っ直ぐ飛ぶストレートな弾道を打つ事ができます。

ゴルファーの7割がスライスに悩んでいると言われ、ほとんどのメーカーがつかまりやすいクラブを開発していますが、各クラブによってその特性が違うのでそこを見極めることが大切です。まず自分の弾道がどんな内容のスライスなのかを見極めましょう。

自分のミスを見極める時は、練習場ではなくコースで出る弾道を見てください。練習場のボールはコースで使用するボールとは違うので弾道が変わってしまいます。自分が使用するコースボールでの弾道を参考にしないと、練習場では良いボールが出るのに、コースに行くと弾道が違うなんてことになりかねませんので注意が必要です。自分の普段の弾道が打ち出し角の高いスライスなのか？　低いスライスなのか？　スピンが多めのスライスなのか？　少ないスライスなのか？　そして打ち出し方向が目標方向に対して左なのか？　真っ直ぐなのか？　右なのか？　これらを知らないことには、効率良いヘッドには出合えません。そしてクラブを買うことで目指すべき理想の弾道はどんなものなのかをハッキリさせましょう。対症療法で良いのか？　根本治療を考えるのか？　そして理想はどんな弾道なのか？　これらを踏まえてクラブを選べば、「買って損した！」なんてことはなくなるはずです。

ここからは、イメージが沸きやすくするために仮想のゴルファーを作り、そのゴルファーの理想のクラブ選びを見ていきましょう。

スライスに悩む45歳の男性Sさん。ヘッドスピードは41m／sで飛距離は大体190ヤード。打ち出し角は高めで、打ち出し方向は目標方向より右。追い風と向かい風で飛距離の差が大きい。練習する時間があまりないので、楽してスライスを減らしたい。今の理想の弾道は今より高さと曲りを抑えたい。これがSさんの設定です。

まずSさんのスライスはどんなスライスなのかを分析します。打ち出し角は高め、追い風で飛距離が出て、向かい風で飛ばないということは、風の抵抗を強く受けているということですのでスピン量は多めですね。打ち出し方向は右なのでインパクトでの振り

遅れの度合いが大きいということが読み取れます。スライスの傾向を整理すると

①スピン量多め
②打ち出し角高め
③インパクトでの振り遅れの度合いが大きい

ということになります。そして目指すべき弾道はというと、高さを抑えて曲りを減らしたいということですから、中弾道のフェードボールといったところでしょうか。そして練習量が確保できないということは、どちらかというと対症療法の考え方になってくると思います。

ではSさんに合ったクラブを探していきましょう。まずはシャフトの選定。シャフトは、タイミング取りやすさと弾道に影響します。スライスに悩んでいる方は、ボールのつかまりが良くなる先端側の柔らかいシャフトが良い結果を生みやすい。しかしタイミングの取りやすさは、手元側の硬さによって変化するので、手元側が硬く、先端側が柔らかい先しなりのシャフトと手元側が柔らかく、先端側も柔らかい両しなりの両方を試します。そして自分のタイミングで振りやすく、なおかつボールがつかまりやすいほう

をチョイスして、さらにそこから同じしなりのタイプのシャフトで打ち比べて絞り込んでいきます。本当はすべてのシャフトタイプから絞り込んだ方が良いのですが、これだと時間がかかりすぎてしまいます。ポイントとしては、手元側の硬さでタイミングの取りやすいタイプを選定することがミート率を上げることにつながりますので、そこを最優先としつつ、自分の求める弾道が打ちやすいシャフトを探しだすのが良いでしょう。

シャフトが選定できたら次はヘッドです。ヘッドも当然ボールがつかまりやすい物を探します。Sさんは、あまり練習量が確保できないのでつかまり度合いの大きい物、つまり重心角の大きいヘッドを探します。重心角の大きいヘッドは重心が深く、重心距離が短いものが多いのですが、Sさんの場合は打ち出し角が右でスライスですので、ヘッドのターンの度合いが強い、重心は深く重心距離が短いモデルで良いでしょう。これらの数値は、メーカーさんが公表しているところもありますが、非公表のメーカーさんもあります。ゴルフ雑誌やインターネット等で独自に計測し、掲載しているところがありますのでメーカーさんにない場合はそれを参考にしましょう。

探すヘッドの方向性が決まった後は、ヘッドのロフトとシャフトのフレックス、そしてクラブの長さです。Sさんはヘッドスピード41m／sなので、メーカー純正ですとSRかSぐらいが良いと思いますが、カスタムシャフトではSだと少しハードになるでしょう。シャフトは柔らかい方がしなる量が増える分、飛距離が期待できるので、見栄を張らずに柔らかいRあたりから試打をしてみて、実際の振り心地を確認してから決めるのが得策です。

またクラブの長さですが、物理学的に長いほうがヘッドスピードは上がりやすく飛距離も稼ぎやすくはなりますが、その分振りにくくなりミート率が下がります。ミート率が下がるとどんなにヘッドスピードが上がってもボールに効率良くエネルギーを伝えることができなくなりますし、余計なスピンが生まれボールも曲がりやすくなってしまいます。クラブの長さは、ミート率とヘッドスピードのバランスを考えて決めましょう。これも長いクラブでもミート率があまり下がらない方と、長いのが全然ダメな方とそれぞれによって違いますので、他の長いクラブなどを試打し、自分が長いクラブでも大丈夫なのかどうかを一度知っておくと良いですね。

ちなみに私は長いクラブはあまり得意ではありません。自分で組んでいるドライバー

あなたの理想の飛ばし方は、
あなたの中にしかない

も大体45インチ程度です。私の場合、クラブを長くしても飛距離自体はあまり変わりませんし、短いほうが自分のタイミングで振りやすくミートしやすいので、クラブが長いメリットがほとんどないのです。おっとまた脱線しましたね……。

シャフトのフレックスとクラブの長さが決まれば、次はヘッドのロフトです。もともとSさんの打ち出し角は高めでした。じゃあロフトを単純に減らせば弾道は低くなるかといえば、低くはなります。低くはなるのですが、ロフトを減らすと今度はボールのつかまりに影響が出てきます。ロフトは、ボールの高さだけをコントロールしているわけではなく、ロフトが減れば減るほどボールがつかまらなくなるのです。

今ある弾道調整機能付きドライバーは、ロフトを自分で設定できるので調整にとても便利ですが、接着式のドライバーは自分では動かせないので慎重にロフトを選ぶ必要があります。弾道が高いからと言って安易にロフトの少ないヘッドを選んでしまうと、かえってスライスがきつくなってしまう場合だってあるのです。また重心の位置によってボールの上がりやすさも変わってきます。試打ができるのであれば、少し高すぎるかなと思うぐらいの弾道が目安です。今のヘッドはどれも低スピンになりやすいので、ちょっと高いぐらいの方が飛距離は稼ぎやすいでしょう。Sさんの場合は、もともと高く、スピンが多かったので、クラブが変わることによってスピン量が減少する可能性が高いので、同じロフトでいいと思います。

自分に合ったクラブを探す上で弾道に最も影響するのがヘッドの性能です。しかしそのヘッドも自分のタイミングで気持ち良く振れなければ性能を生かすことができません。今回のSさんの場合は、対症療法での考え方でしたので、ボールをつかまえてスライスを軽減しやすい重心角の大きなモデルが基準になります。

一方、練習量が確保できて、上達志向の強い方や、ティーチングプロにレッスンを受けているような方は、根本治療の考え方になり、選ぶヘッドは変わってきます。振り遅れ気味のスイングを練習で修正できるようになると、即効性があり、効能が強い対症療法で選んだクラブはつかまり過ぎてしまい、今度はフックに悩むようになってしまいます。だからこそ自分のミスの傾向を把握し、目指すべき弾道をハッキリしなければ良いクラブには出合えないのです。

スライスに悩んでいる人でも、細かい症状によって飛ばせるヘッドは違いますが、特性としては重心角の大きいつかまるヘッドが必須です。そのヘッドを如何に自分のスイングにフィットさせるかが、効率良い弾道を手に入れるカギです。そのためには、シャフトのフレックスや重さ、キックポイント、長さ等をしっかりと自分に合わせましょう。

一番手っ取り早いのがシャフトのフィッティングを受けること。それが難しい場合は、とにかく打ち比べることです。ただし同じシャフトを数多く打ってもあまり効果はありません。2～3球で振り心地や弾道を確認し、結果が出ないようであれば、それは貴方に合ったシャフトではない可能性があります。合うシャフトは1～2球でビシッときます。シャフトは人との出会いと同じで第一印象がとても大切なのです。

すぐにでも曲りを抑えたいなら即効性のある対症療法でクラブを選びましょう!

タイプ別クラブ選び②

～フックに悩む人はクラブ次第で効率良い弾道を打てる可能性がある～

スライスの逆で目標方向に対して左に曲がっていくフックボール。インパクト時のスイング軌道に対してフェースが左を向いていることで起きる左回転のスピンにより起こります。フックは、スライスより前に進もうとする力が強くミスとしてはケガの大きくなりやすい弾道です。第3章で「ボールをつかまえる動き」を説明しましたが、フェードボールよりドローボールの方が、エネルギー効率が良く、強い弾道が打ちやすい。この考え方が極端になっているのがスライスとフックです。スライスは、ダウンブロー気味の軌道になりやすいのでエネルギーがバックスピンに変換されやすく、上空に上がる力になってしまいがちですが、フックはエネルギー効率が良い分、強いボールになりやすく弾道は低くなります。なので地面に落ちてから転がる距離も長くなり、曲がった場合に林の奥や、OB等のハザードに入りやすくなるのです。

フックに悩む人は、それだけペナルティのリスクが高い弾道と戦っているわけですが、

あなたの理想の飛ばし方は、あなたの中にしかない

言い換えればその弾道をコントロールできるようになれば飛距離を伸ばせる可能性を持っているといえます。エネルギーの効率だけを見れば強い弾道を打てているわけですから。

ではどうすればフックをコントロールすることができるのでしょうか？　まずはスライス同様、自分のフックはどんな種類のフックなのかを分析します。弾道は高いのか低いのか？　スピン量は多いのか少ないのか？　打ち出し方向は目標に対して右なのか左なのか？　等です。

ではまたここで仮想のゴルファーを作ってクラブ選びをしてみましょう。フックに悩むFさんは、40歳の男性でヘッドスピードは45ｍ／ｓ。平均飛距離は230ヤード。中弾道で目標方向に真っ直ぐ飛び出すがそこから強くフックするのが悩み。力んだ時、特にフックが強くなる。定期的に練習はしているが、まずはフックの曲がる量を抑えたい。理想は高弾道のドロー。これがFさんの設定です。

早速Fさんのフックの傾向を分析してみましょう。中弾道ということは強いアッパーブローというわけではなさそうです。目標方向に飛びだしての強いフックということは、インパクトでフェースはほぼスクェアかやや左に向いていて強いインサイドアウト軌道であるということが読み取れます。強いフックということは、スピン量は多そうですね。

整理すると

①スピン量は多め

②打ち出し角は中くらい

③強いインサイドアウト軌道でレベルブローから緩やかなアッパーブロー

ということが読み取れます。理想の弾道は高弾道のドローということですので、打ち出し角を高くし、左回転のサイドスピンを減らすということが必要になります。今回は、対症療法と根本治療両方の考え方でクラブを選んでみましょう。

対症療法の場合は、現状のミスとなる原因をクラブで中和し、弾道を修正するといった考え方です。ですからクラブ選びとして最優先になるのは、強い左回転のサイドスピンの減少が命題となります。左回転のスピンは、強いインサイドアウトの軌道とインパクト時のフェースの向きの差によって起きています。対症療法として考えるとインサイドアウト軌道はそのままで如何に左回転のスピンを減らすかということにかかってくるのです。基本的に対症療法でも根本治療でも変わらないのは、シャフトは振りやすいタ

あなたの理想の飛ばし方は、
あなたの中にしかない

イプをヘッドより先に選定すること。そしてその診断結果は、対症療法・根本治療どちらの考え方でも基本的に振りやすいタイプは同じになります。これは前にも説明しましたが、よっぽど第三者があなたのスイングを改造したりしない限り、好みのシャフトは変わりません。これは忘れないようにしてください。

そして、これも自分のタイミングで気持ち良く振るには、自分にあったシャフトのタイプを見つけることが大切です。ボールをつかまえる動きが強すぎるフック系ではつかまりを抑える動きを持つシャフトを選ぶと良いのですが、そういった動きをするシャフトは「元しなり」になります。手元側が柔らかく、重たいヘッドから一番しなるポイントが遠いので、急激な動きが少ない。そのためにヘッドのターンが緩やかになりやすいですし、ロフトが立って当たりやすくなります。

じゃあ「元しなり」で決まりなのかといえばそうとも言えません。スイングでのタイミングの取りやすさは手元のしなり具合で決まることを説明しましたが、どんなにフックに悩んでいる人でも手元がしなるシャフトだとタイミングが取りづらいゴルファーだっているのです。その場合は、手元が硬く、なおかつ一番元しなりに挙動が似ている中しなりを試すと良いでしょう。

次にヘッドの選定に入ります。まずはスイングをいじらず、対症療法の考え方でヘッドを探していきましょう。現状のFさんは、強いインサイドアウト軌道です。この状態でフックを抑えるとなるとつかまり過ぎないヘッドを使う必要があります。つかまり過ぎないヘッドとは、現状の販売されているヘッドに当てはめると重心距離が長いものになります。重心距離が短いドライバーは、操作性が良く、ボールをコントロールするのには適していますが、ヘッドがターンしやすく、フックに悩む方にはあまりおすすめできません。むしろヘッドがターンしやすいためにフェースがインパクトで左を向きやすく、フックに繋がっているケースが多いのです。

重心距離が長いドライバーはヘッドのターンが緩やかになるので、今までと同じタイミングで振ることができれば、ボールは目標方向に対してやや右に飛び出し、フックの角度も穏やかになるはずです。

重心深度は、ヘッドの入射角がレベルブローからややアッパーブローなので、浅い重心のドライバーが合うでしょう。浅い重心は、レベルからアッパーの入射角の方が、打ち出し角を稼ぎやすく、エネルギーロスが少なくてすみます。そして強くスピンの少ない弾道が打ちやすいので、スピンが多めのFさんには良い結果につながると思います。後は、細かいスペックの部分ですが、ロフトは今までより少し多めにした方が良いでしょう。ロフトが多くなれば、サイドスピンがバックスピンに変換されやすく、よりフックのリスクを抑えることができます。重さに関しては、Fさんはヘッドスピードがあるので、最低でも60gは欲しいですね。

気を付けたいのは長さです。クラブを長くするとスイング軌道がフラットになりやすく、インサイドアウトの動きが大きくなりフックを助長する可能性があります。フックに悩むゴルファーには長尺はおすすめできません。短くしろとまでは言いませんが、ミート率も考え45インチ前後が妥当な長さだと思います。

次に根本治療の考え方でヘッドを探してみたいと思います。根本治療となるとスイングのフックになる原因を究明し、その原因を修正しながら改善、克服が見られた時に理想の弾道が打てるように先を見越したクラブを探します。とはいえ現状で全く打てないクラブを作っても辛くなってしまうので、現状では症状が和らぐような特性で、克服した時でも目指す弾道を打てるようなクラブに仕上げるのが理想です。

まずはスイングの問題点を洗い出しましょう。Fさんのフックの一番の原因は強いインサイドアウト軌道にあります。この軌道を緩やかにするだけで曲がりはかなりおさまると予想できます。とはいえスイングはいきなり修正できるものではありませんので、今のままでもフックの曲がりを抑えつつ、程よいつかまりを持ったクラブが、強いインサイドアウト軌道を克服した後でも理想のドローボールが打てるクラブになると思います。

そうなると、ある程度操作性を持ったヘッドが良いでしょう。フックを抑えるために長めの重心距離は必要ですが、長すぎると操作性が犠牲になります。軌道はレベルブローか緩やかなアッパーブローならそのままで良いと思いますので、浅い重心の方が効率の良い弾道は打ちやすいでしょう。

今回のFさんの対症療法と根本治療のヘッドの違いは、対症療法に比べ根本治療のヘッドの方が、重心距離がやや短いものを選ぶと良いということになりますね。これは個々のスイングの問題点と理想の弾道の違いによってヘッドの差は変わってきます。スイングを見てみないと明確なことは言えないのですが、考え方によって選ぶべきヘッドが変わってくるということを覚えておいてください。そうしないとせっかく購入したクラブがすぐに合わなくなってしまう可能性があるのです。

私が行っているフィッティングは、ゴルファーの状況に応じて対症療法と根本治療を使い分けています。フィッティングを受けに来てくださるゴルファーは、自分に合ったクラブを探しに来ているのですから、本人の求める弾道が出やすいクラブをおすすめするのは当然ですが、全員が練習できる環境とは限りませんので、状況をお聞きしたうえでおすすめするクラブは変わります。

練習量が確保できる方は、根本治療の考え方で選んだクラブの方が、スイング修正できた時に良い結果が持続するクラブになりますし、練習量が確保できない方や、クラブの買い替え頻度の高い方は、即効性がある対症療法が効果を発揮するのです。

自分のスイングに合ったクラブを使うのはもちろん、ライフスタイルに合わせたクラブを使うことによって、色々な部分がプラスになります。飛距離はもちろん、方向性、そしてメンタルに至るまでです。この辺も「クラブなんてなんでも同じだよ」なんておっしゃる方に私はお伝えしたいんです！

タイプ別クラブ選び③
～ヘッドスピードの速いゴルファーの効率良い弾道のカギはバックスピン～

スライスやフック等のサイドスピンの方向によって、選ぶべきヘッドの特性が変わるということをご説明しましたが、ヘッドスピードの速い遅いでも選ぶヘッドの特性は変わってきます。まずはヘッドスピードの速い方からご説明しましょう。数値の目安としてはヘッドスピードが45m／s以上あれば、速い分類に入ります。

ヘッドスピードが速いほど、インパクト時のヘッドが持つエネルギーが大きくなるので、より遠くへ飛ばせる可能性は高くなります。しかしいくらヘッドスピードが速くても、そのパワーをボールに効率良く伝えられなければ意味がありません。ではどうすれば効率良くボールにエネルギーを伝えられるのか？

これはヘッドスピードの速い方に限ったことではありませんが、大切なことは、芯で打つ事です。芯で打つことで、エネルギーのロスを極力減らすことができます。そのためにはパワーに見合ったシャフトやヘッドのスペックを使うことが大切です。これは効率良くエネルギーを伝えるためもありますが、ミート率を上げるということにも関わってきます。そして自分のスイングに合った特性のヘッドを使うことでミスを軽減し、エネルギーロスを極力減らします。この三つが揃った時に最も効率の良い、自分の持つパワーを最大限に生かしたボールを打つ事ができるのです。

ヘッドスピードの速い方は、インパクトでヘッドが持っているエネルギーが大きい分、ミスをした時の曲がりも大きくなります。ヘッドスピードの遅い方よりスピン量が増えてしまうのが原因です。それだけにちょっとしたミスがＯＢになってしまったりするので、他のゴルファーと比べ、より正確なインパクトが必要になります。

重心位置はミスの傾向がスライスなのかフックなのかで変わってきますので、ヘッドスピードだけでは決められませんが、自分のスイングに合っていないヘッドを使っていればより曲がりは大きくなるわけです。

さらにヘッドスピードの速い方には気を配ってほしい部分があります。それはクラブの総重量です。クラブの重量はよく「振れる範囲で重い物が良い」とされています。これは一部のゴルファーを除きほとんどのゴルファーには当てはまることです。ゴルフはアドレスの止まった状態から自分の力で始動し、身体を捻転することでパワーを貯めて、その反動と遠心力でヘッドを加速させます。その時にクラブが軽いと、スイング中のクラブの動きが安定せず、わずかなきっかけでも余計な動きがクラブに伝わりやすくなるため、ミスにつながりやすくなるのです。

さらにクラブが軽いとインパクト時の衝突力が重いクラブに比べて弱くなるので、飛距離の低下にもつながります。もちろん重すぎてクラブが振れず、ヘッドスピードが下がってしまうようでは意味がありませんので、あくまで「振れる範囲の重さ」が重要になるのです。

この「振れる範囲の重さ」がパワーのあるヘッドスピードが速いゴルファーには、より安定したスイングと弾道を得るのに大切になってきます。スイング中のクラブの安定性は力のあるゴルファーほど重いクラブの方が高まります。力んだ時に余計な動きが入ってもクラブがブレにくくなるためです。軽いクラブは、手先の力でも速く振れるため、ヘッドスピードが速くはなりますが、安定性に欠けます。例えるなら子供用のおもちゃのプラスティックのバットは速く振れるけど、飛んできたボールを打とうとすると当たらないのが一番イメージしやすいですかね？　自分で速く動かせるパワーがあるからこそ、安定性の高いクラブを使った方がミートしやすく、重さの持つ衝突力も生かせるというわけです。

ひとつ気をつけていただきたいのは、ヘッドスピードの速さとクラブの重さは比例しないということ。いくらヘッドスピードが速いからといっても、全員がムキムキの筋肉の方とは限りません。筋力だけに頼らず、ヘッドスピードを稼げるゴルファーもいるのです。ですから、自分の筋力に見合った重さを見つけることが重要になるのです。

自分に合った重さを見つけるには、疲れてきた状態でもヘッドスピードが落ちずに振れるということがひとつの目安になります。この疲れた状態は、人によって違います。例えばエンジョイ派のゴルファーなら一日1ラウンド以上しないでしょうから、その範囲内で振れる重さを選び、競技などで2ラウンドや、何日か連続してプレーをする上級者やプロは、蓄積する疲れを配慮した重さを選ぶと良いでしょう。

そういった競技志向の強いゴルファーは体力を付ける必要もありますが、全員がトレーニングをできるとは限りません。そういう体力的な部分も、しっかりと自分に合ったスペックを選べばミスを減らすことができるのです。

次にヘッドスピードの違いで効率良く飛ばすにはどんな特性のヘッドが良いかをお話しましょう。

パーシモン時代のゴルファーはクラブが重かったために、パワーがあるゴルファーの方がクラブを振るという意味では有利でした。しかしいくらパワーがあったとしても、必ず飛距離に繋がっていたかというとそうではなかったのです。パーシモンヘッドは、重心が高くスピンがかかりやすかったため、しっかりと芯や有効打点距離でヒットしなければ吹き上がってしまい、飛距離に繋がりませんでした。昔は飛ばすために今よりも技術が必要だったのです。

現代のドライバーは、ヘッドもボールも進化したため、自分のスイングに合ったヘッドを選べば、ヘッドスピードを生かしたエネルギー効率の良い弾道を打ちやすくなっています。ヘッドスピードの速い方は、インパクト時の衝突エネルギーが大きいため、そのエネルギーを如何にボールに伝えるかが効率良い飛距離を引き出すカギになります。しかし同時にインパクトでの衝突エネルギーが高いため、小さなミスでもそのエネルギーはスピンに変わりやすく、曲がりや飛距離ロスにつながります。このスピンを如何に抑えボール初速に変えることが、効率良い弾道、飛距離を得る大きなポイントです。

もともと一般的なヘッドスピードのゴルファーと比べてヘッドスピードの速いゴルファーは、適正なスピン量は少なめです。これもスイングやミスの傾向によって差がありますので、はっきりとした分類はできないのですが、インパクトでの衝突エネルギーは大きいのですから、ボール初速は稼ぎやすくなります。ボールは長く滞空できるようにある程度のバックスピンが必要なのですが、ボール初速が高ければ、前に飛ぼうとするパワーはありますので、スピン量は少なくてすみます。言い換えれば、前に飛ぼうとするパワーが、スピンが多いと上がろうとする力に変わってしまうため、飛距離をロスしてしまうのです。

では具体的にどんなヘッドがヘッドスピードの速いゴルファーには合うのか？　一言でいえば、スピン量が少なくなりやすい低重心のヘッドです。重心深度は、スイングの傾向によって合うゴルファーが異なるので、ヘッドスピードだけでは断定はできませんが、スピン量を抑える効果が得やすい低重心は必須になります。

近年発売されているヘッドはほとんど低重心の設計になっているので、あとは自分のスイング傾向にあった重心深度のヘッドを選べば、効率の良い弾道は打ちやすくなります。その中で、打ち出し角の低い方はロフトを多めに、弾道の高い方はロフトを少なめをチョイスすることで適正な打ち出し角を探せば、効率良い弾道を打ちやすくなるのです。

ヘッドスピードの速い方は、
ヘッドはもちろん
クラブ総重量にも気を配りましょう

タイプ別クラブ選び④
～アベレージゴルファーは適正な打ち出し角が大切～

ヘッドスピードの速いゴルファーのヘッド選びのポイントは、ボール初速のロスを減らすためにバックスピン量をコントロールすることでした。では反対にヘッドスピードがあまり速くないアベレージゴルファーが効率良い弾道を得るには、何を基準にヘッドを選べばよいでしょう？

アベレージゴルファーは、速いゴルファーに比べてインパクト時の衝突エネルギーが大きくないので、できるだけロスは避けたいところです。効率良い弾道を得るためには、打ち出し角、ボール初速、バックスピン量が大切なのは何度もお話ししていますが、この三つの項目のうち、アベレージゴルファーが一番重視して頂きたいのが打ち出し角です。衝突エネルギーが大きくない場合、極端なヘッドを使わない限り、スピン量はそう極端には増減しないですし、打ち出し角を適正にすれば自然と適正範囲に近づきます。ボール初速は大切ですが、闇雲に追及するとスイングや筋力等を含め、根本的に見直す必要があります。打ち出し角を理想に近づけることが、一番即効性があり、安定した飛距離を得るために有効なのです。

ここでいうアベレージゴルファーとは、ヘッドスピードが35m／sから40m／sに満たない方を指します。この範囲に収まるゴルファーの理想と言われる打ち出し角は、15度前後と言われています。この数値に近づけることが効率良い弾道を打つ一つの目安になります。

打ち出し角を決めるのは、ヘッドの入射角、ロフト、そして重心位置が関係しています。ヘッドの入射角は、ゴルファーそれぞれでダウンブローやアッパーブローの特性がありますのでそこを踏まえたうえで打ち出し角が15度前後になる重心位置とロフトを持つヘッドを探せば良いのです。

この打ち出し角15度というのは、数値としては計測して体感してみると思ったより高く上がっているように感じると思います。ライナー性で前に飛んでいくボールの方が飛んでいるように感じやすいのですが、実際にアップダウンのあるコースで、キャリーとランのバランスが良く平均飛距離が稼げるのがこの15度あたりになるのです。

アベレージゴルファーが飛ばせるヘッドとして求められるのが、ボールを自然と上げてくれる低重心です。これは最近のヘッドで重心が高いドライバーはまずありませんので、どのヘッドを選んでもほぼ問題ないと思います。

では浅重心と深重心ではどちらが合うのでしょう？　これはゴルファーそれぞれのヘッドの入射角によって変化します。例えばダウンブローが強いゴルファーの場合は、深い重心の方が適正な打ち出し角にしやすいですし、アッパーブロー気味のゴルファーなら浅い重心のヘッドの方が効率良い弾道が打ちやすくなります。単純にボールが高いから強い弾道を打てる浅重心が合う、低いから深重心がいいとは言えません。この点を間違えないでください。必ず自分のスイングのクセや動きを踏まえたうえでヘッドを選ばないと、効率の良い、自分のポテンシャルをフルに生かした弾道は打てないのです。

ここまで読んで、打ち出し角だけなら15度になりやすいロフトを選べば良いんじゃないの？　と考えた方もいるでしょう。確かに打ち出し角を15度に近づけるだけならそれでも良いでしょう。しかしそれでは、スピン量が適正値から大きく外れてしまい、安定した飛距離は得られない場合も出てきます。

ロフトとは、打ち出し角の他にスピン量にも影響します。ロフトを増やせばスピンは増加していき、逆に減らせばスピンは減少していく性質を持っています。もともとスピン量が多く打ち出し角が高いゴルファーがロフトを減らした場合なら、打ち出し角が適正となり、多かったスピン量が減少することで飛距離アップにつながりますが、打ち出し角が低くてスピン量が多いゴルファーの場合、ロフトを増やし打ち出し角を適正にしても、スピン量がさらに増えてしまい、飛距離をロスしてしまうのです。

ロフトは、適正な打ち出し角を得るためにしっかりと吟味する必要はありますが、まずはヘッドの基本性能で打ち出し角やスピン量が適正になりやすい物を選び、最後にロフトで微調整するといった考え方が良いのです。カチャカチャでロフトや重心を自分で変更できるのはとても便利ですが、もともとの基本設計が貴方のスイングに合っていなければ、いくらカチャカチャしても飛ばないものは飛びませんよ。可変機能あくまで微調整なのです。

あなたの理想の飛ばし方は、
あなたの中にしかない

タイプ別クラブ選び⑤
～飛距離低下に悩むベテランゴルファーはまずスペックを見直すところから～

昔は重いクラブを振り回してガンガン飛ばしていたのに、最近は思うように振れない……といったゴルファーは結構いらっしゃるでしょう。特にホームコースをお持ちの方や、よく行くゴルフ場が決まっているなんて方は、「飛んでいた頃はこのバンカー、キャリーで越えていたのに、今じゃバンカーにすらとどかない……」なんて切ない思いをしていると思います。ゴルフは一生楽しめるスポーツ。それだけに身体が衰えてくるのが飛距離という物差しで見えてしまうのも致し方ないところです。

しかし！　正しいクラブを使えば、その飛距離低下も最低限にとどめることができるのです。もちろんずっと全盛期の飛距離を保つことは不可能ですが、無理して昔飛ばしていたクラブを使い、全盛期の自分と勝負して大幅な飛距離低下を嘆くより、今の自分に合ったクラブで同年代のゴルファーより飛ばして優越感に浸ったほうが、何倍も楽しめます。では早速そんなゴルフを長く楽しんでいるゴルファーのためのクラブ選びを伝授しましょう。

ゴルフを長年楽しんで、飛距離低下に悩むゴルファーは、ミートする技術をある程度持っている方がほとんどです。私はこの方々をシニアアスリートと呼んでいます。このシニアアスリートに当てはまるゴルファーが大きなミスをするときは、決まって飛距離を出そうする時、つまり力んでいる時です。プロゴルファーだって力が入りボールを曲げるのですから、どんなにキャリアがあっても「ここは一発飛ばしてやる！」とか「同僚に前のホールでオーバードライブされた」とか邪念が入れば力みます。さらに昔の飛距離を追い求めている人ほど、昔のままのハードなスペックを使われているので、余計に力が入り、ミスショットを誘発してしまうのです。

技術は持っているのですから、安定した飛距離が出せるクラブを手に入れれば、力みが減り、普段通りのスイングでミスも減ります。この良いスパイラルを実現させるためにも、自分に合ったクラブが必要なのです。

まず大切なのはシャフトです。どんなゴルファーもタイミング良く振れてミート率を高めるのにシャフトの選択は重要ですが、ベテランゴルファーがもともと持っているミー

あなたの理想の飛ばし方は、
あなたの中にしかない

ト率を生かすには、シャフトのマッチングがとても重要になります。キックポイントはもちろんですが、タイミング良く力まずにスイングするには、硬さと重さのバランスがカギになります。

まずは重さを見極めること。昔は重いシャフトも難なく振れたイメージが残っていて、なかなかシャフトを軽量化するのも勇気がいると思いますが、自分の体力よりハードなスペックを使っていては、一日同じタイミングでスイングをすることが難しくなります。とはいえ、いきなり軽くし過ぎても、ヘッドの安定性が失われミート率が下がってしまう可能性もありますし、力がなくても重いクラブの方が、安定して振れる方もおります。絶対軽くした方が良いと言っているわけではありません。一日を通してヘッドスピードを保てる重さを見極めて、疲れても最後までスムーズに振れるクラブを使いましょう。

次に硬さ、フレックスです。シャフトは柔らかい方が、しなる量が増えるのでヘッドを加速させやすくなります。しかし柔らかすぎるとヘッドがブレやすくなり、タイミングが外れた時にミスが大きくなってしまうので、ここの見極めが重要になります。ミート率の高いベテランゴルファーには、ちょっと柔らかいかな？　と思うぐらいのフレックスがおすすめです。シャフトのしなりを感じやすくタイミングが取りやすくなり、なおかつシャフトのしなりで飛距離を稼ぐことが可能だからです。シャフトが柔らかい時にミスが大きくなるのは、力んだりしてヘッドの軌道がブレた時。経験の豊かなベテランならそういったミスも少なく、安定して飛ばすことができます。

同じシャフトでも純正シャフトとカスタム系のシャフトでは同じフレックス表記でも実際の硬さは違います。大体1フレックスぐらい違うので、今まで純正を使用していて、カスタムシャフトに替える場合は、必ず試打をして、しなり具合をチェックしてから購入しましょう。

シャフトの重さと硬さを見直すだけで、クラブはかなりやさしくなります。それはメンタルにも効果があり、力みや無理やりな強振を減らすことができるのです。「今でも頑張って振ればいい当たりするんだけどちょっとしんどくなってきた」という場合は、重さ、硬さどちらかをワンランク軽くするか、柔らかくすると、今までのフィーリングを残しつつ、やさしさをプラスすることができます。

もう一つ飛距離を維持する方法として、クラブを長尺にしヘッドスピードを高めるという方法があります。確かに単純にクラブを長くすれば短いクラブに比べてヘッドスピードは高まります。その高まった分のパワーをそのままボールに伝えることができれば、飛距離は伸びるのですが、そう簡単には行きません。長くなるぶんミートすることが難しくなるからです。

私は、レッスンやシャフトフィッティングを行ってきて、長尺を使って飛距離が伸びるタイプとあまり効果がないタイプがいることに気付きました。それはスイングの傾向に表れます。長尺を打ちこなせて効果が出るタイプは、トップから切り替えしで積極的にタメを作らないゴルファーです。タメが強いとクラブが長くなるぶん、ヘッドの戻りが遅くなり、自分のタイミングで打つとインパクトでヘッドが間に合わなくなってしまうのです。切り返しからタメをあまり作らず、なだらかにインパクトを迎えるタイプのゴルファーは長尺でも自分のタイミングで振ることができ、クラブが長くなることで高まったヘッドスピードを効率良くボールに伝えやすいのです。

まずは自分が長尺の効果を生かせるタイプかどうかを見極めましょう。見極め方は、これもフィッティングを受けることが最善ですが、難しい場合は試打することです。通常の長さと長尺のクラブで打ち比べをして、自分のタイミングで振ってちゃんとミートできるか？　しっかりミートできた時に飛距離が伸びているか等を確認し、結果が出ているのであれば長尺クラブという選択肢が生まれます。誰もがクラブを長くすると飛距離が伸びるわけではありませんので、そこは覚えておいてください。

一からクラブを新調したいとお考えなら、ヘッドからもう一度見直しましょう。昔のパワーで打っていた頃と比べ、スイングプレーンは極端なスイング改造をしていない限り、大幅には変わっていないはずです。となると昔飛ばせた時より、飛ばしの三大要素のバランスが変わっている可能性が高く、昔飛ばせたヘッドと今飛ばせるヘッドは変わっているはずだからです。

詳しくは直接スイングを拝見しないと言えませんが、楽に飛距離を稼ぐためには、打ち出し角を適正にできるヘッドを選ぶべきです。これはヘッドスピードの遅いゴルファーのクラブ選びと同じで、ボールに適正な高さを与えてやることで効率良く飛距離を稼ごうという考え方です。パワーのあった頃は、ライナー性の弾道でも飛距離を稼ぐことができますが、パワーに頼らず飛距離を稼ぐには、適正な打ち出し角が必要になります。

今までどんな弾道で飛ばしていたかによって適正な重心位置が変わるので、浅重心と深重心のクラブを同じロフトで試打し、計測して判断するのが一番。打ち出し角が15度前後になる方が楽に飛ばせるヘッドです。今までのスイングを変えることなく、適正な打ち出し角を稼げるヘッドは、効率良い弾道を打ちやすくなります。

自分のスイングの傾向を知ることは、効率良い弾道を得るために必要なことです。それはスイング以外の体力や身体のコンディションにも当てはまります。スイングの傾向や体力、コンディションはパワーを生み出す原動力です。その原動力に合ったクラブを使うことで、初めて今のあなたのポテンシャルを最大限に生かすことができるのです。そして自分にあったクラブを使うことで気持ちに余裕が生まれ、メンタルから生まれるミスも軽減できます。上級者やプロが大きなプレッシャーの中でも良いゴルフができるのも、安心して振れるクラブがあればこそなのです。

タイプ別クラブ選び⑥
～女性ゴルファーこそ自分に合ったクラブを使えば飛距離は伸びる～

最近フィッティングを受けに来る女性が増えてきました。レディスのクラブは軽く柔らかいL（レディスのL）やA（アベレージのA）シャフトを装着した物がほとんどで、競技等に出てシリアスにゴルフを楽しんでいる女性は、皆メンズのクラブを使うしか選択肢がありませんでした。これは女性がゴルファー人口の約7％という層の薄さが影響し、メーカーさんはレディスクラブのバリエーションが作りたくても作れないという現状がありました。

しかしここ数年でメーカーから発売されているレディスブランドのラインナップが増え、レディス用でもRシャフトが作られたり、シャフトメーカーから発売されているカスタム用シャフトも軽量のラインナップが増えたりと、女性の選択肢が増えてきたことが影響しているのだと思っています。これはフィッティングをやっている人間としては非常に喜ばしいことです。

私は、女性こそフィッティングを受けるべきだと思っています。正確には、フィッティングを受けて自分に合ったクラブを使えば、もっと楽しくゴルフができるようになると思うのです。今までが選択肢がなさ過ぎたという部分もありますが、ゴルフの楽しさを覚え始めた時にクラブの選択肢がないために上達を妨げてしまい、ゴルフの本当の楽しさに触れられていないのではと考えています。

女性は男性に比べて筋力がありません。市販のレディスクラブは、そこを踏まえたうえで力がない人でも振りやすくするために軽く、少しでもヘッドを走らせるためにシャフトを柔らかくしてあります。しかしクラブを振るということに慣れてくると、この軽さ柔らかさが合わないゴルファーも出てきます。

男性は、最初から重さや柔らかさをある程度は選ぶことができますが、女性には選択肢がほとんどありません。当然パワーには個人差がありますし、スイングにも個々に違いがあります。クラブを効率良く振れるようになった女性は、上級者レディスモデルが存在しないため、必然的に男性モデルに移行するしかないのです。男性モデルは、幅広いラインナップがありますので、女性でも十分使えるモデルが存在しますが、どれが自分に合うのかを調べるには、試打するしか方法がなく、自分で探すにはかなりの労力が必要になります。

それに一つ問題があります。それはクラブの長さです。これはドライバーの長さに当てはまるのですが、女性は男性と比べて小柄な方が多く、男性モデルをそのまま使用すると、男性が長尺モデルを使用しているのと同じ状況になります。最近の男性モデルは特に長くなっている傾向があるので、なおさら女性が使いこなすには技術が必要になり、相当練習を積まなければなりません。それにベテランゴルファーのところでお話ししましたが、長尺が合うタイプと合わないタイプがあるのは女性でも同じで、長尺が合わない方はミート率が悪くなり、飛距離低下につながってしまうのです。

これでは、そこそこ上達してもクラブのせいでミスを誘発し、それ以上の上達が見込めなくなってしまいます。ドライバーに限らず、14本のクラブを自分のスイングや体力に合わせたものを使うことで、ミスを減らすことができる。だからこそ今現在選択肢が少ない女性ゴルファーにフィッティングを受けていただき、自分に合ったクラブを見つけて使って欲しいのです。

女性がクラブを選ぶうえで気を付けていただきたい点は、基本的にヘッドスピードの遅いゴルファーと同じです。ヘッドの基本性能でボールが楽に上がるモデルを選んで頂き、ロフトで微調整をする。こちらも打ち出し角は15度から17度ぐらいまでの高さを目安にしてください。女性はインパクトで強くヒットするような打ち方は、筋力がないためほとんどできません。なのでスピン量が増えすぎるといったことはあまりないのでしっかりと高さの出るモデルを選びましょう。

シャフトのフィッティングも男性と同じです。キックポイントで自分の振りやすいモデルを見つけ、その中でどちらかといえばボールのつかまりやすい傾向のシャフトを選ぶと良いと思います。女性だってボールがつかまった方が飛距離は出るのですから。

フィッティングした際に必ず確認して欲しいのが、自分が振りやすいと思える長さです。ドライバーを長く持ったり、短く持ったりして試打をし、データと自分の感覚両方で検証します。長く持っても曲がりや飛距離、そしてボール高さにしっかりと結果が出ていれば長くてもOKですが、短く持った方が安定して飛距離が出て曲がりが少ないようでしたら、短くクラブを作った方が良いでしょう。

そのまま長いクラブを短く持って使ったらダメなの？　と疑問が生まれると思いますが、短く握って全く気にならないようならそれでも良いです。しかしクラブ本来のバランスは長い状態で考えられているのですから、短くしたうえで、バランスを考え組みなおした方がクラブ自体の性能は発揮しやすくなりますし、短く持った時の違和感がなくなります。

女性が自分に合わせてクラブを探すとなると、市販品ではまず合うものはないでしょう。しかし今お使いのクラブをシャフト交換することで自分に合わせることはできます。ゴルフ工房のあるショップや量販店に行って是非一度相談してみてください。付けるシャフトにもよりますが、今使っているヘッドを生かせれば、それほどびっくりする値段にはならないと思います。男性よりも女性の方が自分にあったクラブ選びのハードルが高いのが現状なので、少しでもこの状況を打破すべく私はフィッティングを頑張ります！

おわりに

いかがでしたでしょうか？　私の主観で好き勝手話しましたが、すべては私がティーチングプロとして、クラブフィッターとして経験してきた実体験をもとにたどり着いた考え方です。

日本には「弘法筆を選ばず」なんてことわざがありますが、楽しむためのスポーツにわざわざそんな難しい思いをする必要はありません。自分のスイングを知るのも、自分に合わせたクラブを作るのも、それはゴルフというスポーツを目一杯楽しむためです。

ゴルフというスポーツは本当に楽しいんです！　こんなに面白いスポーツをたくさんの人に知ってもらいたい。そして本当の楽しさを伝えたい！　そんな思いで書いた本です。

この本を読んで少しでもあなたの刺激になり、ゴルフをもっと楽しもうと思ってもらえたら私はとてもうれしいです。最後までお読みいただき、ありがとうございました。

関　雅史

皆さんゴルフ楽しんでくださいね!

関 雅史（せきまさし）
PGA公認A級インストラクター。持ち前の明るさと熱意でたくさんの人にゴルフの面白さを伝えることを生きがいとするインストラクター兼クラブフィッター。ゴルフギアの造詣が深くゴルフ雑誌等のクラブ解説に度々登場し、メーカーからクラブ監修の依頼もあるほどその知識と表現力は高い評価を受けている。

誰も語らなかった
飛ばせるクラブとスイングの本音

2015年2月12日　初版第1刷発行／2015年3月10日　初版第2刷発行
2015年4月15日　初版第3刷発行

著者●関 雅史
構成●小倉勇人
編集●小木昌樹
撮影●大沼洋平
発行者●中川信行
発行●株式会社マイナビ
〒100-0003 東京都千代田区一ツ橋1-1-1 パレスサイドビル
編集:03-6267-4483/販売:03-6267-4477
注文専用:0480-38-6872
E-mail（質問用）:kikaku-hensyu@mynavi.jp
Webサイト:http://book.mynavi.jp/
装幀●米谷テツヤ
印刷・製本●株式会社大丸グラフィックス

ISBN978-4-8399-5327-0　C0075